DICTIONNAIRE DES OPÉRAS

(DICTIONNAIRE LYRIQUE)

CONTENANT

L'ANALYSE ET LA NOMENCLATURE DE TOUS LES OPÉRAS ET OPÉRAS COMIQUES
REPRÉSENTÉS EN FRANCE ET A L'ÉTRANGER
PENDANT LES ANNÉES 1877, 1878, 1879, 1880
AINSI QUE DES NOTICES COMPLÉMENTAIRES POUR LES ANNÉES PRÉCÉDENTES

PAR

FÉLIX CLÉMENT

MAITRE DE CHAPELLE HONORAIRE DE LA SORBONNE ET DU COLLÈGE STANISLAS
TITULAIRE DU LYCÉE LOUIS-LE-GRAND
COMMANDEUR DE L'ORDRE DE SAINT GRÉGOIRE LE-GRAND

QUATRIÈME SUPPLÉMENT

PARIS
ADMINISTRATION DU GRAND DICTIONNAIRE UNIVERSEL
19, RUE MONTPARNASSE, 19

DICTIONNAIRE
DES OPÉRAS
(DICTIONNAIRE LYRIQUE)

CONTENANT

L'ANALYSE ET LA NOMENCLATURE DE TOUS LES OPÉRAS ET OPÉRAS-COMIQUES
REPRÉSENTÉS EN FRANCE ET A L'ÉTRANGER
PENDANT LES ANNÉES 1877, 1878, 1879, 1880
AINSI QUE DES NOTICES COMPLÉMENTAIRES POUR LES ANNÉES PRÉCÉDENTES

PAR

FÉLIX CLÉMENT

MAITRE DE CHAPELLE HONORAIRE DE LA SORBONNE ET DU COLLÈGE STANISLAS
TITULAIRE DU LYCÉE LOUIS-LE-GRAND
COMMANDEUR DE L'ORDRE DE SAINT GRÉGOIRE-LE-GRAND

QUATRIÈME SUPPLÉMENT

PARIS

ADMINISTRATION DU GRAND DICTIONNAIRE UNIVERSEL
19, RUE MONTPARNASSE, 19
—
Tous droits réservés.

AVERTISSEMENT

DU QUATRIÈME SUPPLÉMENT

Le phylloxéra musical, dont j'ai signalé la mortelle influence dans la préface des suppléments précédents, en 1872 et en 1876, a continué d'exercer ses ravages. Deux grands théâtres de musique ont cessé de vivre, et l'organe périodique le plus important et le plus sérieux, la *Gazette musicale*, vient de disparaître après un demi-siècle d'une honorable existence.

La cause des obstacles que rencontre la résurrection d'un théâtre lyrique est la même que celle qui a nui à la prospérité du Théâtre-Italien. Je veux parler de cet engouement pour les opérettes, pour les réunions grivoises et les exhibitions plastiques, qui en sont l'attrait particulier. Depuis que des règlements protecteurs des arts, du goût et de la littérature ont été abrogés, depuis que, en 1868, la liberté d'exploiter tel théâtre que ce soit et d'y faire jouer quoi que ce soit a été accordée par le gouvernement de l'Empire, érigeant ainsi en droit ce qui, depuis dix ans déjà, avait été toléré çà et là au profit d'amuseurs privilégiés, on sait qu'à la confusion des genres est venu s'ajouter un dévergondage inouï.

La production d'œuvres remarquables est entravée; la bonne exécution de celles qui pourraient honorer la scène française est compromise faute d'interprètes suffisants. Si un ouvrage se recommande par un grand mérite, il ne trouve même plus un auditoire assez nombreux, une société dont le goût soit assez pur et assez ferme pour assurer le nombre de représentations nécessaire et empêcher de courir à la ruine le directeur téméraire qui a eu l'audace de monter une œuvre de goût, de grand style et peut-être même de génie.

Le nombre des théâtres appelés *théâtres de genre* et des cafés-concerts s'est accru considérablement, au détriment des intérêts de l'art, des artistes et de ceux de la société elle-même.

L'ancien état de choses qui a duré plus d'un demi-siècle donnait satisfaction aux amateurs de musique dramatique, conservait les traditions du style et du goût et offrait aux compositeurs des moyens d'exercer leur talent avec honneur, dignité, avec l'espoir d'un succès durable. Quatre théâtres de musique ont suffi pour donner à la France une prééminence incontestable.

C'était le Grand-Opéra, dont le répertoire ancien et moderne demande l'ampleur et l'éclat de la mise en scène, des chœurs nombreux et exercés, un orchestre puissant, des artistes doués de facultés exceptionnelles; c'était le Théâtre-Lyrique, qui a eu vingt années de prospérité, dont le genre comporte les ouvrages de demi-caractère, productions des compositeurs vivants, et les reprises de chefs-d'œuvre, auditions indispensables aux musiciens et d'un grand intérêt pour le public; c'était l'Opéra-Comique proprement dit, qui conservait ainsi son genre de pièces si goûté de la partie la plus nombreuse des amateurs, habitués à associer la musique à l'esprit français, à se rendre compte par le dialogue du sens des morceaux chantés dont les paroles n'arrivent pas toujours clairement à l'oreille, pour qui enfin l'opéra-comique est le développement du vaudeville et de la comédie à ariettes, forme essentiellement appropriée au goût national et à des habitudes que des pédants peuvent méconnaître, dont ils peuvent médire à leur aise, mais qu'ils ne détruiront pas.

C'était le Théâtre-Italien, dont la réouverture annuelle serait aussi favorable aux artistes de profession qu'elle est ardemment désirée par les vrais dilettantes. Indépendamment des chefs-d'œuvre de grâce et de goût dont son répertoire abonde, il offre seul l'occasion d'entendre des virtuoses qui font l'admiration de la société polie sur les théâtres de Londres, de Madrid, de Milan, de Pétersbourg.

Quant aux théâtres de musique secondaires, où la bouffonnerie et la farce dominent, une longue possession de la faveur publique qui date de 1858 et a toujours été en grandissant, rend la réforme difficile. En attendant que la plupart d'entre eux meurent de leurs propres excès, on ne peut que signaler leur funeste influence et désirer qu'ils n'envahissent pas tellement le terrain musical qu'il ne s'y trouve plus de place pour les œuvres des maîtres et qu'il ne reste plus d'artistes pour les exécuter, ni de public pour les entendre.

Si la perversion du goût est une conséquence du genre de l'opérette, tel qu'il est traité généralement, celle de l'esprit public n'est pas moindre.

La parodie ne s'y exerce pas seulement sur les caractères propres aux personnages de la pièce et sur les incidents de l'action comique; elle vise de préférence les situations sociales élevées, les dignités et les emplois eux-mêmes. On expose, par exemple, un colonel à la risée des spectateurs, non parce qu'il a commis telle ou telle action ridicule, mais bien par le fait seul qu'il est colonel; son visage et sa tenue sont grotesques; c'est une caricature. Le général est poltron, le duc extravagant, la baronne sans dignité, la grande-duchesse burlesque.

Ce qu'il y a de plus singulier dans cet abaissement volontaire des distinctions sociales, dans cette destruction systématique de tous les prestiges, de toute autorité et de tout respect, c'est que les amateurs de ce genre de plaisir appartiennent généralement à des classes élevées et opulentes; car dans ces théâtres de genre le prix des places n'est pas à la portée des petites bourses.

Pendant que des fils de famille et de riches bourgeois se délectent à voir tourner en dérision ducs et marquis, officiers supérieurs et diplomates de haut rang, transformés en pitres et en queues-rouges, et à entendre des grandes dames dégoiser un vocabulaire de bas étage, le populaire, lui, voit autrement les choses. Il préfère au contraire les pièces dans lesquelles les grands seigneurs, les princes et les comtesses parlent le langage de leur rang.

Il lui déplaît qu'on vienne arrêter l'élan de son imagination et altérer les types qu'il a rêvés par des vilenies et de choquants contrastes. Quels qu'aient été les efforts des dramaturges de l'école romantique, l'inégalité des conditions humaines a de trop profondes racines sur cette terre pour que le sentiment ne s'en retrouve pas jusque dans les fictions du théâtre.

La plupart des opéras représentés en Italie sont des ouvrages sérieux ; les insanités de l'opérette dont le public français est saturé depuis vingt ans n'y jouissent d'aucune faveur. L'opéra buffa et la *farsa* ne tombent jamais dans les excès de grivoiserie et de libertinage dont on use ici largement.

Il en est de même en Angleterre, en Russie, en Espagne. Il suffira de jeter les yeux sur l'ensemble des ouvrages représentés en France pendant ces quatre dernières années pour faire une étude comparée et en tirer des conclusions pratiques. On comprendra sans peine combien il est nécessaire de porter remède à un tel état de choses dans l'intérêt de l'art et de la véritable civilisation.

De nouveaux ouvrages vont se produire. Ce sont : le *Tribut de Zamora*, de M. Gounod, la *Françoise de Rimini*, de M. Ambroise Thomas, le *Sigurd*, de M. Reyer, enfin *Une Nuit de Cléopâtre*, de M. Victor Massé, le compositeur inspiré des *Noces de Jeannette*, de *Galatée*, de *Paul et Virginie*, qui, malgré les cruelles souffrances d'une longue maladie, vient de mettre la dernière main à sa partition. Ces opéras appartiennent à un genre élevé ; espérons qu'ils contribueront à une renaissance de l'art musical dramatique.

FÉLIX CLÉMENT.

QUATRIÈME SUPPLÉMENT

CONTENANT

LES OUVRAGES REPRÉSENTÉS EN FRANCE ET A L'ÉTRANGER

PENDANT LES ANNÉES 1877, 1878, 1879 ET 1880

AINSI QUE DES NOTICES COMPLÉMENTAIRES POUR LES ANNÉES PRÉCÉDENTES

A

ACTÉON, opérette, d'après l'ancien vaudeville de Duvert, Théaulon et de Leuven, musique de M.-F. Chassaigne, jouée au Palais-Royal en janvier 1878. M¹¹ᵉ Jane Hading a fait applaudir une agréable romance dans ce petit ouvrage.

ADAM DE LA HALLE, opéra en deux actes, musique de Ernst Frank, de Hanovre, représenté au théâtre grand-ducal de Carlsruhe le 10 avril 1880.

ADELA D'ASTURIA, opéra-seria, musique de G. Mazzoli, représenté au théâtre Aliprandi de Modène le 20 mars 1877; chanté par Vizzardelli, Mᵐᵉ Cavedani. Cet ouvrage n'a pas réussi.

ADELE DI VOLFINGA, opéra-seria, en quatre actes, livret de Castelvecchio, musique d'Alberto Giovannini, représenté au Politeama-Rossetti, à Trieste, le 5 mai 1880. Le sujet de cet ouvrage a été tiré du drame de Kotzebue, *Adelheid von Walfingen*. Mᵐᵉ Borsi de Giuli en a chanté le rôle principal.

ADELIA, opéra-seria, livret de Romani, musique de Babarikine, représenté au théâtre de la Société philharmonique de Naples en janvier 1877. L'instrumentation est du maestro Serrao.

ADELINA, opéra-seria, livret de Ghislanzoni, musique de L. Sozzi, représenté au théâtre Sociale de Lecco le 30 septembre 1879; chanté par Pizzorni, de Pasqualis, Wagner, Mᵐᵉˢ Bordato, Borghi.

ADINA, opéra-comique italien, musique de Bruti, ouvrage écrit pour un orchestre militaire, représenté en septembre 1877 à Sangenesio. Le compositeur est un chef de musique de l'armée.

AGNESE, opéra-seria, livret de Giarelli, musique de F. Guindani, représenté au Théâtre-Municipal de Plaisance le 27 février 1878; chanté par Giraud, de Bernis, Mᵐᵉˢ Bonal, Riccardi. La musique de cet ouvrage avait été composée d'abord pour *la Regina di Castiglia*, représentée à Parme en 1876.

AÏDA, opéra en quatre actes et sept tableaux, paroles françaises de MM. C. du Locle et Ch. Nuitter, musique de M. G. Verdi, représenté pour la première fois au théâtre de l'Opéra le 22 mars 1880. (Voir l'analyse de cet ouvrage, page 767, et l'article mentionnant sa représentation au Théâtre-Italien, page 829.) L'exécution a été bien inférieure à celle qui a eu lieu au Théâtre-Italien en 1876, sous la direction intelligente et trop peu favorisée de M. Escudier, qui avait su réunir Mᵐᵉˢ Teresina Stolz, Maria Waldmann, MM. Masini et Pandolfini, et réaliser une mise en scène moins somptueuse, assurément, mais préférable sous divers rapports. On a ajouté un divertissement au deuxième acte. M. Verdi a dirigé en personne les premières représentations. Distribution : Radamès, M. Sellier; Amonasro, M. Maurel; Ramphis, M. Boudouresque; le Pharaon, M. Menu; Aida, Mᵐᵉ Krauss; Amnéris, M¹¹ᵉ Bloch; prêtresse de Phtah, M¹¹ᵉ Jenny Howe. Cet ouvrage a été traduit en langue russe et représenté à l'Opéra-National, à Saint-Pétersbourg, en janvier 1879 et chanté par Mᵐᵉ Albani et M¹¹ᵉ Kratikoff.

ALBIGENSER (die) (*les Albigeois*), opéra allemand en cinq actes, musique de J. de Swert, représenté au théâtre de Wiesbaden en octobre 1878, avec succès. On y a surtout remarqué, au dernier acte, l'air chanté par Mlle Voigt. Cet ouvrage a été donné ensuite à Francfort-sur-le-Mein le 4 mars 1880.

ALDO E CLARENZA, opérette italienne, livret de Fontana, musique de N. Massa, représentée au Conservatoire de Milan le 11 avril 1878; chantée par Fattorini, Paul, Mmes Teodorini, Stoppa.

ALINA, opéra semi-seria, livret et musique de Vicentini, représenté au théâtre degli Asili de Vérone et chanté par des amateurs, en février 1878.

ALMA L'INCANTATRICE, opéra-seria, livret de Saint-Georges, musique de M. F. de Flotow, représenté au Théâtre-Italien de Paris le 9 avril 1878; chanté par Novelli, Verger, Mlle Albani, Mme Sanz. Cette partition est le développement d'un ouvrage du même maître, l'*Esclave de Camoëns*, représenté à Paris en 1843 et transformé plus tard pour le théâtre de Vienne sous le titre d'*Indra*. Le nouveau livret, en quatre actes, a été arrangé pour la scène italienne par M. Achille de Lauzières. Camoëns est le héros de la pièce, et l'héroïne est la belle enchanteresse Alma, bayadère que le guerrier poète a ramenée des Indes, qui le sert avec dévouement, le console dans ses malheurs et dédaigne pour lui l'amour de dom Sébastien, le roi de Portugal, qui l'a remarquée dans les rues de Lisbonne. Enfin lorsque, égaré par la jalousie, le pauvre Camoëns attente aux jours du roi sans le connaître, c'est encore elle qui obtient sa grâce. Ce livret est poétique, intéressant et très musical. Il fournit tout naturellement l'occasion de faire briller le talent d'une cantatrice, et comme au Théâtre-Italien, de regrettable mémoire, la charmeuse était Mlle Albani, les séductions opérées dans l'ouvrage par l'*incantatrice* devenaient vraisemblables. C'est à la direction aussi intelligente qu'artistique de M. Escudier qu'on doit la représentation de ce charmant opéra, et les amateurs ne doivent pas oublier non plus qu'il leur a fait entendre pour la première fois en France l'*Aïda* de Verdi. Ces titres auraient dû le protéger contre l'insouciance de la plus frivole administration des beaux-arts qu'on ait vue depuis longtemps. La musique de M. de Flotow a des qualités un peu superficielles au premier abord; mais on ne peut lui contester la grâce et la mélodie, un intérêt soutenu, une distinction naturelle et une mesure de bon goût dans l'expression dramatique; en un mot, je l'appellerais volontiers un *Auber allemand*. Les morceaux qui m'ont paru les plus caractérisés dans le premier acte sont : les couplets de l'aubergiste José, *Non appena arrivai di Lisbona*; l'andante chanté par Camoëns, *Il dolor covri di pallor*; le duo bouffe de Zingaretta et de José, *Corsi già dall' aurora*, et un petit trio dans le finale, *Tutto tace*; dans le second acte, la romance de Camoëns revoyant sa patrie, *O patria diletta*; la canzone dei marinai, chantée par Zingaretta; le boléro de dom Sébastien, *Un dì di follia*. M. de Flotow s'est rappelé qu'il avait obtenu un de ses plus grands succès dans le quatuor du *Rouet*, de *Martha*, c'est-à-dire avec un hors-d'œuvre intercalé avec goût dans l'action, en un mot avec un intermède musical, sorte d'entr'acte qu'on écoute. Il a tenté la même fortune dans *Alma l'incantatrice* en écrivant le gracieux terzetto de la cigarette, chanté par Zingaretta, José et Sebastiano :

> *Vien chiamata sigaretta*
> *Questa foglia accolta e stretta*
> *Tra le dita, come lo fo*
> *Fate voi pure come lo fo*
> *Più con grazia, leggermente*
> *Alle labra dolcemente*
> *Il tubetto lo porterà*
> *E prigion là la terrà*
> *Con l'aspirar la spia urtando*
> *La scintilla va brillando;*
> *Accendete allor in fretta*
> *La già fatta sigaretta,*
> *Poscia l'occhio seguirà*
> *Come il fumo all'aria va.*

Cette historiette de la première apparition à Lisbonne du tabac à fumer est bien accessoire; cependant, n'en déplaise aux puritains du drame musical, ce terzetto a fait le plus grand plaisir, à cause de la vivacité du dialogue, du choix des idées, de la délicatesse de l'orchestration. La première partie étant chantée par un contralto, le morceau est moins brillant que le quatuor du *Rouet*, mais il est en soi très agréable à entendre. Après le grand air de virtuosité d'Alma, qui ouvre le troisième acte, dont l'allegro est fort mélodieux, je citerai encore la belle scène où Camoëns, abandonné de tous excepté d'Alma, entend chanter ses vers dans les rues de Lisbonne et sent le courage renaître dans son cœur, *Ah si! quel canto è mio*, et le duo final. Le morceau le plus saillant du dernier acte est la prière touchante et pathétique d'Alma, *Non sia tua gloria*. Distribution : Il re dom Sebastiano, M. Verger; dom Luiz de Camoëns,

M. Nouvelli; Alma, bayadère, Mlle Albani; José, aubergiste, M. Ramini; Zingaretta, femme de José, Mlle Sanz; Pedro, Sylveyra, Fernando, officiers; Kubli, chef d'une troupe de saltimbanques.

ALPIGIANINA, opéra semi-seria, livret de Golisciani, musique de N. Cassano, représenté au Collegio di musica, à Naples, le 20 mars 1880.

AMANTE DI RICHIAMO (l'), opéra-buffa, livret de Dall'Ongaro, musique de Luigi et Federico Ricci, représenté sans succès au théâtre d'Angennes, à Turin, le 13 juin 1846; chanté par Pancani, Superchi, Scapini, Mmes Rebussini et Gabussi.

AMANTS DE VÉRONE (les), drame lyrique en cinq actes et six tableaux, livret et musique de M. le marquis d'Ivry, représenté pour la première fois au théâtre Ventadour le 12 octobre 1878 (voir page 773). La partition, écrite il y a une quinzaine d'années, a été retouchée en maint endroit. On a applaudi surtout le duo des adieux de Roméo et de Juliette, au second acte. Il est à regretter que l'auteur n'ait pas corrigé dans son poème des expressions vulgaires qui le déparent, et dans sa musique des formules peu nouve... s. Chanté par Capoul, Dufriche, Taskin, Fromant, Mlle Heilbron, Mme Lhéritier et Mlle Rey. Cet opéra a été donné à la Gaîté le 15 février 1879; Mlle Ambre a chanté le rôle de Juliette, M. Mouret celui de frère Laurent.

AMAPOLA (l') [le Coquelicot], traduction espagnole de la Marjolaine (voyez ce nom) de M. Ch. Lecocq, représentée au théâtre de la Zarzuela, à Madrid, en novembre 1877.

A MEUIRE A JE SEMPRE TEMP, opéra-comique en dialecte piémontais, musique de F. Dall'Oro, représenté au théâtre Rossini, à Turin, en mai 1879.

AMOR ENAMORADO (el) (l'Amour amoureux), opéra comique espagnol, musique d'Arrieta, représenté à Madrid en octobre 1880.

AMOUR MÉDECIN (l'), opéra-comique en trois actes, livret de M. Charles Monselet, d'après la comédie de Molière, musique de M. Ferdinand Poise, représenté à l'Opéra-Comique le 20 décembre 1880. La pièce, moins chargée d'incidents que le Médecin malgré lui et singulièrement allégée par l'auteur, a servi la muse du musicien, plus élégante que forte, plutôt gracieuse que caractérisée. Au cours d'une introduction discrètement orchestrée,

Mlle Thuillier, qui joue le rôle de Lisette, a dit quelques vers de circonstance. J'en ai retenu ceux-ci :

> Quand il écrivait pour son roi
> Une de ces farces hardies,
> Il disait : « La France, c'est moi, »
> Frappant les planches agrandies.

Eh, mon Dieu, non! Molière n'y a jamais songé. Ne prêtons donc pas aux écrivains du XVIIe siècle l'infatuation de nos littérateurs du XIXe. Il se contentait d'avoir autant d'esprit qu'il en fallait alors pour amuser des personnages d'un goût difficile et d'y mêler assez de bon sens pour que ses comédies restassent une peinture des travers de l'humanité.

L'instrumentation des morceaux chantés dans le premier acte et particulièrement les notes du cor accompagnant la voix sont d'un charmant effet. La romance à la fenêtre demi-close est écrite avec goût. L'air de Sganarelle est moins heureux. Les paroles Embrasse, ma mignonne, ton petit, petit, petit papa, ton papa mignon, ton papa poupon, sont du style d'opérette; c'est peut-être ce qui les a fait bisser.

Le quatuor de la consultation est certainement comique; mais la procession d'une douzaine d'apothicaires munis de l'instrument classique, qu'ils font mouvoir avec toute la dextérité piquante que peuvent déployer les jeunes demoiselles chargées de jouer ce rôle, est d'un goût douteux.

La musique de M. Poise est mélodique et purement écrite. Elle abonde en jolis détails et en ingénieuses combinaisons d'accompagnement. Je dois signaler un agréable menuet qui sert d'entr'acte; au troisième acte, une brunette, un trio et un quatuor bien conduit. Dans ce dernier morceau, le caractère de la pièce de Molière est singulièrement altéré par les paroles. En entendant la phrase gracieuse écrite par le musicien sur ces mots : Ainsi qu'au pays des almées, on oublie totalement que l'action se passe au XVIIe siècle. Distribution : Clitandre, Nicot; Sganarelle, Fugère; les quatre médecins, Maris, Barnolt, Grivot, Gourdon; M. Josse, Davoust; M. Guillaume, Teste; Lisette, Mlle Thuillier; Lucinde, Mlle Molé.

AMY ROBSART, opéra-seria, musique de Caiani, représenté à Foiano le 29 septembre 1878; chanté par Brandaglia, Falciai, Mmes Vignati, Colombini.

ANNA BLONDEL, opéra-seria, musique de P. Bianchedi, représenté à Corinaldo le 4 septembre 1879.

ANNITA, opéra-seria, livret de Salina, musique, de O. Vigoni, représenté au théâtre Ristori, de Vérone, le 14 août 1880, sans succès.

APRÈS FONTENOY ou **MANCHE A MANCHE**, opéra-comique en un acte, livret de M. Galoppe d'Onquaire, musique de M. Wekerlin, représenté à l'Opéra-National-Lyrique le 23 mai 1877. L'intrigue n'est pas compliquée. Après une bataille qu'on a appelée Fontenoy, question de titre, Belfleur, maréchal des logis, a l'idée de s'introduire dans un château en se faisant passer pour un officier supérieur. Il y est reçu par Marton, qui, sous les habits de la marquise, lui tient tête comme il faut, et tout finit par un mariage.

La musique est accorte et dans le caractère du sujet. On y remarque un joli duo : *Vous le voulez, belle marquise;* une chanson à boire dialoguée :

> Le vin n'est pas comme les femmes,
> Plus il est vieux, plus il est bon.

Le tour en est gaulois, la mélodie franche et gaie. Ce petit ouvrage, qui serait un agréable lever de rideau, a été chanté par Lepers, Soto et Mlle Parent.

ARBRE DE NOËL (L'), féerie en trente tableaux, de MM. Mortier, Vanloo et Leterrier, musique de MM. Charles Lecocq et Jacobi, représentée à la Porte-Saint-Martin le 4 octobre 1880. Les yeux sont tellement occupés dans ces sortes d'ouvrages, que les oreilles se reposent. On doit cependant rappeler les couplets chantés par Mlle Zulma Bouffar et les airs de ballet.

ARMIN (*Arminius*), opéra allemand, musique de Henri Hofmann, représenté au théâtre de Dresde le 14 octobre 1877. Cet ouvrage, assez bien accueilli d'abord, n'a pas obtenu un succès durable. Cependant il a été donné l'année suivante à l'Opéra-Royal de Berlin, le 14 novembre. Le ténor Niemann a chanté le rôle principal.

ARRIGO II, opéra-seria en quatre actes, livret de V. R., musique de A. Palminteri, représenté au théâtre Sociale de Monza, près de Milan, le 12 octobre 1878; chanté par Giannini, Caltagirone, Bettarini, Mmes Garbini, Bartolucci.

ASCENSEUR (L'), opérette, livret et musique de M. Raymond Cartier, représentée au théâtre des Bouffes-Parisiens le 1er mai 1877.

ASCHENBRÖDEL (*Cendrillon*), opéra romantique allemand en deux actes, livret de Beerbaum, musique de Ferdinand Langer, représenté au théâtre de Mannheim le 7 juillet 1878.

ASSEDIO DI CESAREA (L'), opéra-seria, livret de Vicoli, musique de G. Persiani, représenté au théâtre Marrucino, à Chieti, le 8 mai 1879; chanté par Paoletti, Giraud, Battistini, Mmes Creny, Zauchi.

ATHALIE (CHŒURS D'), tragédie de Racine, musique de Félix Clément (voyez page 65). La musique des chœurs du premier acte avait seule été exécutée en 1858; celle des trois autres actes n'a été composée qu'il y a peu d'années. Après diverses auditions dans la salle Érard et ailleurs, cet ouvrage a été exécuté avec la plus grande solennité, cinq fois, dans la salle des Fêtes du palais du Trocadéro, les 24 et 31 août, le 7 septembre, le 30 octobre 1879 et le 8 avril 1880, par les artistes des chœurs et de l'orchestre de l'Opéra et de la Société des concerts du Conservatoire. Les solos ont été chantés par Mmes Léon Kerst, Boidin-Puisais, Marie Fressat, Watto, Mlle Panchioni; avec le concours, pour la partie déclamée, de Mme Marie Laurent, de Mlle Rousseil, de Mlle Fayolle, de M. Silvain de la Comédie-Française, de M. Jouanni; pour la partie d'orgue, de MM. Guilmant et Andlauer, et, pour les solos d'instruments, de MM. Richard Hammer, Prumier, Croisez, Marx, Molé, Cantié et Corlieu.

Toute la presse a accueilli favorablement cet ouvrage, et, à cause du vœu exprimé par l'un de ses organes (le *Français*, numéro du 6 novembre 1879), on donne ici un extrait de son compte rendu : « Le temple est entouré d'ennemis. Les troupes d'Athalie vont l'assiéger. Ces jeunes filles de Lévi ne sont pas, comme dans la plupart des opéras, des comparses indifférentes; appartenant aux premières familles du pays, elles prennent part aux destinées de leur patrie, s'associent aux angoisses de Josabeth, que Mlle Fayolle a exprimées avec une sensibilité touchante. Ces jeunes Israélites invitent les lévites à les défendre. *Partez, enfants d'Aaron,* s'écrient-elles. Tour à tour elles font entendre des accents belliqueux et des gémissements; elles invoquent les secours divins, et l'une d'elles retrace les dangers que court le jeune Joas, l'espoir de tout un peuple opprimé par Athalie. Après un récit joué à l'unisson par tous les violoncelles et d'une tristesse suprême, Mme Kerst a chanté avec un style excellent la cantilène en *si* bémol :

> Triste reste de nos rois,
> Chère et dernière fleur d'une tige si belle.

Rien n'est plus touchant que cette élégie, d'une profonde mélancolie. Elle est brusquement interrompue par une fanfare des trompettes tyriennes, à laquelle répond un dernier appel belliqueux, qui termine avec éclat cette œuvre éminemment dramatique, d'une inspiration toujours soutenue, écrite avec une pureté de forme toute racinienne et qui, après avoir été accueillie avec tant de succès dans quatre exécutions, au Trocadéro, par des milliers d'auditeurs, sans le prestige de la mise en scène, les costumes et les décors de la représentation, devra certainement, dans un temps donné, recevoir une sanction nouvelle sur la scène du Théâtre-Français, sa véritable place, ou à l'Opéra.

AUMÔNIER DU RÉGIMENT (L'), opéra-comique en un acte, livret de MM. H. de Saint-Georges et de Leuven, musique de M. Hector Salomon, représenté à l'Opéra-National-Lyrique le 13 septembre 1877. Le vaudeville si populaire joué au Gymnase a formé le canevas et presque tous les épisodes de la pièce. Robert, maréchal des logis, blessé dans un combat en Italie, sous la première République, est logé chez Carlo, jeune forgeron. La fille de ce vieux soldat l'a accompagné, on ne sait trop comment ni pourquoi, si ce n'est afin que Carlo en devienne amoureux; mais Robert ne veut qu'un gendre exerçant le métier des armes. Survient un jeune aumônier de régiment, ce qui était assez rare en 1792. Le vieux soldat a des rancunes particulières contre les prêtres, depuis que le curé de son village d'Alsace a frustré sa fille d'un héritage. Il se trouve que l'aumônier en question est le frère de l'auteur de cette mauvaise action, et, en homme de cœur, il va faire tous ses efforts pour la réparer. Il s'habille en soldat, flatte les goûts du vieux maréchal des logis, au point de se laisser préférer au forgeron, d'accepter le titre de futur gendre et même d'embrasser par ordre la jolie Marie. Ce n'est pas tout : on bat la générale ; un combat va se livrer. Il prend la place du vieux soldat et revient victorieux, mais blessé à son tour. Tout se découvre enfin ; l'aumônier répare de son mieux la perte causée à la famille de Robert, décide celui-ci à donner la main de sa fille au forgeron et à reconnaître que la soutane peut, comme tout autre uniforme, recouvrir la poitrine d'un homme de cœur. La partition est très agréable à entendre, et la musique est toujours spirituellement associée aux situations de la pièce et au caractère des personnages. Les morceaux les plus remarqués sont : l'ouverture ; diverses marches militaires ; les couplets de Marie. *Ce bon garçon est un peu bête* ; ceux dans lesquels le forgeron fait une énumération de ses propres mérites, *Un beau jeune homme* ; l'air de l'aumônier, dans lequel la phrase de l'ancien vaudeville, *Aumônier de régiment*, est heureusement rappelée et développée, et un morceau d'ensemble. Chanté par Lepers, Gresse, Grivot, Mme Sablairolles-Caisso.

AUX TROIS PARQUES, opéra-comique en un acte, livret de M. Jules Ruelle, musique de M. Wilhem, représenté au Casino de Royan en août 1878. Cet ouvrage a été bien accueilli.

AVARO (L'), opéra-buffa, livret de Romani, musique de Carlo Brizzi, représenté au théâtre Brunetti de Bologne le 19 mai 1877 ; chanté par Ramini, Parolini, Catani, Mmes Cristino, Malvezzi. Ce livret a été plusieurs fois mis en musique, notamment par L. Sarj et G. Quarenghi. Le style de cet ouvrage est celui de l'ancienne école italienne.

AVARO BURLATO (L'), opérette italienne, musique de S.-A. Margaria, représentée au théâtre de l'Académie philodramatique, à Turin, le 11 décembre 1877.

B

BABEL-REVUE, revue en quatre actes et onze tableaux, précédée de l'*Esprit en bouteilles*, prologue en deux tableaux, par MM. Paul Burani et Édouard Philippe, musique de MM. Robert Planquette, Varney, Okolowicz, Lonati, Riou, Édouard Philippe, représentée à l'Athénée-Comique le 10 janvier 1879. Cette année, fertile en inventions curieuses, en scandales et en mauvaises pièces, a exercé la verve spirituelle des auteurs. On peut mettre un nom à chacune des artistes dont l'avocat résume ainsi l'incident judiciaire :

> Je suis l'avocat de ces dames,
> Je sais plaider sur un chiffon.
> Si vous saviez que de réclames
> Cela fait autour de mon nom !
> Ici, c'est la belle petite
> Du théâtre de ***; mais, motus!
> Un faux baron l'avait séduite
> Par surcroît, il prend son quitus.
> Là, ce prix du Conservatoire,
> Avide d'avoir du succès,
> Préférant l'argent à la gloire,
> A fui le Théâtre-Français.
> Une autre élève, à pleine voile
> Prend la route de maint caissier ;
> Pour bien prouver qu'elle est étoile,
> Elle commence par filer.
> Un nouveau talent se fait place
> Dans un grand théâtre ; aussitôt
> Des créanciers viennent en masse
> Mettre la main sur son magot.
> Enfin cette jeune inconnue,
> Grâce à mon plaidoyer, pourra
> Prouver quelle a, comme ingénue,
> Tout... pour jouer cet emploi-là.
> Je suis l'avocat, etc.

La musique de ce rondeau est de M. Lonati. On a remarqué aussi une polka, composée par M. Édouard Philippe et orchestrée par M. Hubans. *Babel-Revue* a eu près de cent représentations.

BABILAS, opéra-pasticcio, musique de Cesare Rossi, représenté au théâtre del Fondo, à Naples, le 10 mai 1879 ; chanté par Poloniai, Florio, Cappelli, Doria, Mmes Musiani, Paoletti, Fanti.

BABIOLE, opérette villageoise en trois actes, livret de MM. Clairville et Gastineau, musique de M. Laurent de Rillé, représentée aux Bouffes-Parisiens le 16 janvier 1878. L'intrigue n'a pas coûté un grand effort d'imagination. Babiole est une fermière curieuse et rusée qui, pour se faire épouser par Alain, jeune rustre qui aime ailleurs, invente des stratagèmes et évente tous les secrets du village. Les auteurs ont semé cette longue farce de la menue monnaie de gauloiseries dont leurs spectateurs ordinaires sont si friands. La musique n'a rien de remarquable et n'offre guère que des réminiscences et des arrangements de vieux airs. Chantée par Daubray, Jolly, Mlles Paola Marié et Albert.

BACHELIER ET ALGUAZIL, opéra-comique en un acte, de M. Élie Brault, représenté au théâtre du Château-d'Eau en 1880. Distribution : Pedro, M. Leroy ; Pepe, Géraizer ; Basile, M. Destez ; Chrisnita, Mme Cottin ; Carmen, Mme Montoni.

BANDITO (IL), opéra-seria en trois actes, livret de Fontana, musique de Emilio Ferrari, représenté à Casale le 5 décembre 1880. On a remarqué dans cet ouvrage du jeune compositeur une belle romance de soprano et le finale du troisième acte. Le héros de la pièce est Salvator Rosa ; chanté par Vanzetti, Forapan et Mme Steffanini.

BARBIERE DI SIVIGLIA (IL), opéra-buffa, livret de Sterbiri, musique de A. Graffigna, représenté au théâtre Concordi, de Padoue, le 17 mai 1879 ; chanté par Novara, Catani, Mme Renzi. L'auteur a intitulé ainsi modestement sa partition, écrite sur le livret même de l'opéra de Rossini : « Étude conforme à l'esprit, au caractère et à la couleur de l'immortel chef-d'œuvre rossinien. »

BÂTARD DE CERDAGNE (LE), opéra en trois actes, livret de M. L. Métjé, musique de M. Pierre Germain, représenté au Théâtre de Brest le 22 novembre 1880, avec succès.

BATHYLLE, opéra-comique en un acte, livret de M. Édouard Blau, musique de M. William Chaumet, représenté à l'Opéra-Comique le 4 mai 1877. L'auteur du poème a remporté le prix au concours Crescent, en 1874, sur 93 concurrents. Le public n'a pas plus souscrit à ce jugement qu'à la plupart de ceux rendus par les jurys de ces concours. On aurait pu, en effet, imaginer une pièce plus intéressante et plus morale, d'après la gracieuse poésie d'Anacréon, l'*Amour mouillé*. L'adolescent Bathylle est l'objet de l'amour jaloux du vieux poète. La Syrienne Mytila, reçue dans sa maison, inspire au jeune homme une vive passion. Anacréon, dans sa fureur, la chasse de chez lui et accable de ses reproches l'ingrat Bathylle, qui, désespéré, se donne la mort par le poison. Anacréon comprend alors la puissance de l'amour et invoque l'intervention de Cupidon, qui apparaît, ressuscite Bathylle et le rend à sa jeune maîtresse. Ce sujet, trop renouvelé des Grecs et peu propre à l'opéra-comique, a été traité par M. William Chaumet avec beaucoup d'habileté et de goût ; il a donné à sa musique un caractère plutôt allégorique et descriptif que dramatique, et c'est ce que le sujet comportait, ce qui a fait admettre quelques tonalités vagues et des intonations plus instrumentales que vocales, dans plusieurs passages, selon les théories du jour, auxquelles M. Chaumet paraît conformer son esthétique. Les fragments les plus saillants sont les couplets chantés par Mytila, la chanson à boire d'Anacréon, le duo des jeunes amoureux et la scène de la mort de Bathylle. Chanté par Barré, Mlles Ducasse et Eigenschenk.

BÉARNAIS (LE), opéra-comique en trois actes, livret de MM. Hyacinthe Kirsch et Pellier, musique de M. Théodore Radoux, représenté à Lille en novembre 1879. Chanté par M. Itrae et Mlle Potel.

BEAU NICOLAS (LE), opéra-comique en trois actes, livret de MM. Vanloo et Leterrier, musique de M. P. Lacome, représenté aux Folies-Dramatiques le 8 octobre 1880. La pièce est d'une telle invraisemblance, que l'analyse n'offrirait aucun intérêt. La musique lui est bien supérieure, écrite avec verve et esprit. On y remarque plusieurs morceaux d'une facture distinguée, notamment un madrigal et une romance, *Adieu, ma douce amie*, au premier acte; les couplets *C'est la fille à Jean-Pierre* et *Admires le joli vainqueur*, au second acte, et une chanson à deux voix au troisième. Chanté par Mlles Girard, Reval; MM. Montaubry, Simon Max, Maugé, Luco, Bartel.

BELLA ESTER (LA), opéra-bouffe italien, musique de M. Palmieri, représenté au théâtre della Varietà, à Naples, en novembre 1880.

BELLA FANCIULLA DI PERTH (LA), opéra-seria, livret de Cencetti, musique de Lucilla D., représenté au théâtre Apollo, à Rome, le 7 mars 1877; chanté par de Sanctis, Brogi, d'Ottavi, Miller, Mme Negroni.

BELLA MODISTA DI CHIAIA (LA), opéra-comique italien, livret d'Avellino, musique de M. Giovanni di Lorenzo, représenté au théâtre Partenope, à Naples, en décembre 1880.

BELLE LURETTE, opérette en trois actes, livret de MM. Blum, Blau et Toché, musique de M. Jacques Offenbach, représentée au théâtre de la Renaissance le 30 octobre 1880, après la mort du compositeur. Les morceaux qui ont eu le plus de succès sont: le *Jabot du colonel*, l'ensemble *Nous sommes les amoureux*, la parodie du *Danube bleu*, la ronde de *Colette*. Chantée par Mlles Jane Hading, Milly Meyer, MM. Jolly, Vauthier, Cooper.

BELLE MÉLUSINE (LA), légende-féerie allemande, musique de Lehnhardt, représentée au Victoria-Theater, à Berlin, en janvier 1877.

BENVENUTO CELLINI, opéra-seria, livret de Perosio, musique de E. Bozzano, représenté au Politeama de Gênes le 20 mai 1877;

chanté par Signoretti, Medica, Cherubini, Mmes Ollandini, Mestres. Cet ouvrage a partagé le mauvais sort de tous les opéras représentés sous ce titre.

BERNABÉ VISCONTI, opéra-seria, musique de G. Franceschini, représenté au théâtre dal Verme, à Milan, le 3 juillet 1878; chanté par Botterini, de Anna, Pasetti, Mme Arancio-Guerini, Merbini. Cet ouvrage n'a pas réussi.

BERNOISE (LA), opéra-comique en un acte, livret de M. Lucien Solvay, musique de M. Émile Matthieu, représenté au théâtre de la Monnaie à Bruxelles en avril 1880. On a applaudi dans ce petit ouvrage une chanson bachique avec chœur.

BIANCA, opéra-comique en trois actes, musique de Ignaz Brüll, représenté au théâtre de Dresde, le 26 novembre 1879, avec succès. Chanté par Gœtze, Degele, Decarli, Mmes Schuch et Rosler.

BIJOUX DE JEANNETTE (LES), opéra-comique en un acte, livret de M. Marc Constantin, musique de M. Amédée Godart, représenté au théâtre de la Renaissance le 9 août 1878. Chanté par Urbain, René Julien, Mmes Blanche Miroir et Davenay.

BILLEE TAYLOR, opéra-comique anglais en deux actes, livret de M. H.-P. Stephens, musique de M. Edward Salomon, représenté à l'Imperial Theater de Londres en décembre 1880.

BILLET DE LOGEMENT (LE), opéra-comique en trois actes, livret de MM. Boucheron et Durani, musique de M. Léon Vasseur, représenté aux Fantaisies-Parisiennes le 15 novembre 1879. L'aventure est singulière. Le baron de Montagnac père a substitué un de ses bâtards à un enfant de sa femme, fruit des œuvres de François Ier, et a abandonné celui-ci à un aventurier nommé la Colichemarde. Le fils illégitime est devenu baron de Montagnac et épouse une jeune fille au moment où l'officier Gontran vient loger au château. Avant que le mariage ait été consommé et après les péripéties sans lesquelles il n'y aurait pas de pièce, duel avec le colonel, condamnation de l'officier par le conseil de guerre, Gontran reprend son nom et son titre et épouse la baronne. La lecture d'un testament du vieux Montagnac a suffi aux auteurs pour démêler cet imbroglio. La partition renferme quelques morceaux assez intéressants pour qu'on regrette l'emploi que l'artiste fait de son talent en l'associant à des paroles aussi inconvenantes que celles, par exemple, du duetto conjugal d'Hélène et Sulpice, *Pour nous, plus d'entraves*, et les couplets d'Hélène, *Il faut tendrement l'occuper*, et à des trivialités telles que celles-ci :

> Ah! quel bel homme
> Ah! nom d'un chien!
> Mais voyez comme
> Comme il est bien!

On remarque dans l'ouverture un agréable motif en *la* majeur; dans le premier acte, une foghetta andantino d'un bon effet vocal, mais bien dépaysée à cette place; les couplets de Douce, *Oui, deux grands rois*; la romance de Gontran, *Vous n'êtes plus la jeune fille*, dont le dessin d'accompagnement par la clarinette manque toutefois de correction à la fin du morceau, et le finale, dans lequel il y a de bonnes choses musicales, notamment des phrases en canon et un style d'imitation soutenu et bien traité. Ce travail a été presque entièrement perdu à l'exécution, car les troupes qui jouent ces ouvrages ne se composent pas de chanteurs assez bons musiciens pour bien exécuter ce genre de musique. Les deux autres actes ne contiennent rien de saillant. Distribution : Hélène, Douce, Mariette, Mmes Humberta, Tassily, Liogier; Gontran, la Colichemarde, le colonel, Sulpice, l'échevin, MM. Denizot, Sujol, Jannin, Bellot.

BIORN, opéra-seria en cinq actes, composé sur un livret anglais par Lauro Rossi, représenté au théâtre de la Reine, à Londres, le 17 janvier 1877. Chanté par Mottino et Mme Stewart. L'action se passe en Norwège et a beaucoup d'analogie avec le sujet de *Macbeth*. La musique est digne d'estime.

BLINDE KUH (*Colin-maillard*), opérette allemande, musique de Johann Strauss, représentée au théâtre An der Wien, à Vienne, en décembre 1878.

BOCACCIO, opérette en trois actes, livret de Zell et de Genée, musique de Suppé, représentée au Carltheater de Vienne le 1er février 1879.

BOIS (LE), opéra-comique en un acte, livret de M. Albert Glatigny, musique de M. Albert Cahen, représenté à l'Opéra-Comique le 11 octobre 1880. C'est une idylle charmante. La nymphe Doris compte trop sur le pouvoir de ses charmes; le jeune faune Mnazile y est insensible; il leur préfère sa liberté. Doris sait si bien s'y prendre, qu'elle triomphe de la froideur de Mnazile et ressent à son tour les tourments de l'amour qu'elle a fait naître. La musique, quoique un peu trop compliquée pour un sujet aussi simple, offre de jolis détails. L'ouverture et la petite symphonie de la scène du ruisseau attestent le mérite du jeune compositeur. Les morceaux les plus remarqués sont l'air de Mnazile, la phrase *Vois ces grappes vermeilles* et, dans l'air des amours, le motif *Dis-moi, si tu voyais*. Chanté par Mlles Ugalde et Thuillier.

BOUSSIGNEUL (LES), vaudeville en trois actes, de MM. Marot, Pouillon et Philippe, musique de M. Édouard Okolowicz, représenté au théâtre des Arts en février 1880 et, depuis, avec le même succès aux Folies-Dramatiques. La pièce, amusante et spirituelle, pouvait se passer de musique; cependant on a remarqué une valse chantée, *Mon cher parrain*, et la *Ronde de Martinot*. Joué par Galaberd, Chamonin et Verlé, Mmes Cuinet, Alice Brunet, Valérie Riva et Van Dyck.

BRAVO (LE), opéra en trois actes et quatre tableaux, livret de M. Émile Blavet, musique de M. G. Salvayre, représenté à l'Opéra-National-Lyrique le 18 avril 1877. La pièce est obscure, compliquée, bizarre. Elle se passe à Venise. Contarini, l'un des Dix, a séduit une jeune fille, Giovanna, et est cause de sa mort. Le père a voulu venger l'honneur de sa maison en tuant le ravisseur. Au moment où le conseil des Dix le condamne à la peine capitale, son fils, Jacopo, revient de la guerre, et, grâce à l'intervention d'un des juges, Tiepolo, le vieillard vivra, mais à la condition que Jacopo se dévouera au service de la république en acceptant la profession de bravo. Fenimore Cooper avait déjà imaginé cette histoire; mais autre chose est un roman très développé, dans lequel des choses invraisemblables sont déduites insensiblement, autre chose est un opéra, où les situations doivent être claires, l'action concise et rapide. Tiepolo est mort aussi, en laissant la tutelle de Violetta, sa fille, à Contarini. Celui-ci veut qu'elle soit sa femme ou qu'elle entre dans un couvent. Mais le jeune Lorenzo de Montfort possède le cœur de Violetta. Jacopo, par reconnaissance pour la mémoire de Tiepolo, se fait un devoir de protéger leurs amours et de punir Contarini de ses méfaits; enfin, après bien des incidents, il le provoque et le tue. Le peuple veut prendre le parti de Contarini contre le bravo; mais celui-ci se fait ouvrir les rangs en montrant le sceau du conseil des Dix, qui le protège, et, pendant que les religieuses sont agenouillées autour du cadavre, il s'embarque avec Lorenzo, Violetta, Gino le gondolier, Annina sa maîtresse, et... vogue la galère!

La partition est un mélange de tous les styles, où domine une orchestration recherchée, précieuse, incontestablement ingénieuse, mais souvent bruyante. Le rôle du bravo est bien caractérisé par les timbres sourds et lugubres des instruments. Plusieurs airs de danse, surtout celui de la danse orientale, sont absolument dénués de charme, et la prétention à l'effet pittoresque a égaré le musicien; les accords sont mal enchaînés ou plutôt ne le sont pas du tout, et l'oreille de l'auditeur est offensée gravement. Quant à la partie vocale, qui est l'essentielle, on y trouve aussi trop d'efforts pour enlever les suffrages d'un public vulgaire par des cris et une sonorité excessive. Ensuite, la succession des motifs, qui ne sont pas liés entre eux, nuit à l'effet de chacun d'eux. On dirait que l'auteur a voulu faire servir à cet ouvrage tout ce qu'il avait amassé dans ses cartons. En somme, l'inspiration se fait difficilement jour à travers l'enchevêtrement musical dont elle est surchargée. Parmi les morceaux qui ont plu davantage, on peut citer le chœur des mariniers, les couplets de Gino, au troisième acte; un chœur dansé, une tarentelle et la grande barcarolle finale, morceau symphonique très travaillé, qui a du mérite en soi, mais qui est hors de propos. Chanté par MM. Bouhy, Lhérie, Gresse, Caisso; Mlles Heilbron, Berthe Thibault; danseuses : Mlles Théodore et Maillart.

BRIC-À-BRAC, revue de l'année 1879, par MM. Félix Savard et Montréal, jouée à l'Athénée en février 1880. Cette revue est une des plus sensées et des plus spirituelles à la fois qu'on ait faites depuis quelque temps, et tout y serait à louer si les auteurs n'avaient pas fait çà et là quelques concessions aux goûts trop grivois du public inférieur; telle est la scène de l'esplanade des Invalides. En revanche, on y a applaudi une excellente critique du réalisme en littérature, du darwinisme et une parodie fort divertissante d'une pièce jouée dans l'année et intitulée le *Fils de Coralie*. Quelques intermèdes de musique ont été composés avec goût par M. Varney, le fils de l'auteur du *Chant des girondins*, *Mourir pour la patrie*, qui a été adopté par les gardes nationaux de 1848. On a surtout remarqué la musique de l'air sur *l'Asile de nuit* et une petite pièce d'orchestre. Montrouge a joué le rôle principal avec sa verve ordinaire.

BURGERMEISTERIN VON SCHORNDORF, opéra-comique allemand, musique de M. Auguste Reissmann, représenté au théâtre Municipal de Leipzig en novembre 1880.

C

CABARET DE RAMPONNEAU (LE), opéra-comique en trois actes, musique de M. Vaucamps, représenté au Gymnase, à Liége, en janvier 1877.

CABARET DU POT-CASSÉ (LE), opéra-bouffe en trois actes, livret de Clairville et Lambert Thiboust, musique de Mme Pauline Thys, représenté aux Fantaisies-Parisiennes, à Bruxelles, en octobre 1878.

CADET DE MARINE (LE), opéra-comique, livret de Zell, musique de Genée, représenté aux Fantaisies-Parisiennes de Bruxelles en janvier 1880. C'est une adaptation faite par M. G. Lagye à la scène française de l'opéra joué en Allemagne sous le titre de *Der Seekadet*. Le sujet de la pièce a été tiré du vaudeville de Bayard et Dumanoir, le *Capitaine Charlotte*. La musique en est agréable, et ce petit ouvrage a fait plaisir.

CAMARGO (LA), opéra-comique en trois actes, livret de MM. Vanloo et Leterrier, musique de M. Ch. Lecocq, représenté au théâtre de la Renaissance le 20 novembre 1878. La célèbre danseuse Camargo et le non moins célèbre voleur Mandrin défrayent la pièce qui offre cette particularité que les paroles restent étrangères à tout genre de littérature, comme le sont celles des opérettes, tandis que la musique est une véritable œuvre d'art, gracieuse, correcte et élégante, finement orchestrée, enfin très propre à s'associer à un opéra bouffon de bon goût. Le premier acte se passe au foyer de la danse, à l'Opéra: le maître de ballet, Taquet, fait répéter les danseuses récalcitrantes; les abonnés arrivent, ainsi que la Camargo, entourée de plusieurs adorateurs, Pont-Calé, riche personnage, ami du lieutenant de police; Saturnin, jeune drapier de Lyon qui a quitté, pour suivre la danseuse Colombe, sa fiancée, enfin Mandrin lui-même, sous le pseudonyme du chevalier de Valjoly.

Pont-Calé a donné à la Camargo un collier de cent mille francs. Valjoly et sa bande sont là; le collier disparaît; grand émoi à l'Opéra; on fouille tout le monde; Valjoly passe le collier à une de ses maîtresses, doña Juana, créole qui raconte au public la façon étrange dont le voleur a fait sa connaissance. L'acte finit par un chœur d'imprécations contre Mandrin. Il n'y a que lui de capable de faire un coup si hardi:

> Guerre à Mandrin
> A ce malandrin,
> Ce hardi coquin
> Que partout on craint!
> Que chacun demain
> Se mette en chemin,
> Qu'en un tour de main
> On pende Mandrin!

Le second acte a lieu dans le château du chevalier de Valjoly, dont les hôtes s'appellent l'Écureuil, Filenquatre, Tournevis, le Philosophe, Rossignol, qui jouent, fument, boivent et chantent. Ils ont fait prisonniers Saturnin, Colombe et Péruchot, son père. Valjoly, qui est épris de la Camargo, l'attend sur la route de Lyon et, par un stratagème de brigand, l'amène à son château. Elle se croit reçue par un vrai chevalier et lui donne la représentation d'un ballet complet, depuis l'entrée de la bergère jusqu'au triomphe de l'amour. La fête est troublée par l'arrivée des soldats que Saturnin a pu prévenir; mais Mandrin s'était fait donner par Pont-Calé une commission dont il se sert pour faire arrêter par la troupe Pont-Calé lui-même, doña Juana et la Camargo, malgré le duetto qu'ils ont chanté ensemble, et dont il peut être utile de citer un fragment pour montrer à quel égarement du goût conduit ce genre de pièces:

> LA CAMARGO.
> Ce serait une vie heureuse
> D'aimer comme dans un roman
> Le brigand avec la danseuse,
> La danseuse avec le brigand.
> Certes lorsque l'on n'aime pas,
> Un brigand se saurait nous plaire;
> C'est un amant en pareil cas
> Trop en dehors de l'ordinaire.

> Loin d'écouter ses attentats,
> En face l'on voudrait lui dire
> Toute l'horreur qu'il nous inspire,
> Toujours lorsque l'on n'aime pas.
> Il en est quand on aime,
> Le cœur alors change de ton;
> On n'y met plus tant de façon:
> Au diable le qu'en dira-t-on!
> On aime quand même
> Celui qu'on aime.

Au troisième acte, qui se passe aux Porcherons, chez Ramponneau, la scène est occupée par des gens de toute espèce: grands seigneurs, marchands, diseuse de bonne aventure, Javotte et sa marmotte en vie, gens de la bande de Mandrin et tous les personnages de la pièce. On s'est beaucoup moqué des conventions de l'ancien théâtre. Combien sont-elles anodines en comparaison des invraisemblances puériles du théâtre contemporain! L'indifférence à cet égard est complète. Tout raisonnement et tout sentiment naturel sont bannis; l'impression et la sensation les ont remplacés.

Je passe sur les couplets de Louis le Bien-aimé, hors-d'œuvre déplacé, dont la musique est assez plate. Pont-Calé poursuit toujours l'invisible Mandrin et compte sur un limier de police nommé Philidor; mais ce limier n'est encore autre que le brigand, lequel est sur le point d'enlever pour tout de bon la Camargo lorsqu'enfin Colombe réussit mieux que son fiancé à déjouer ses projets. Camargo est sans rancune et laisse Mandrin libre d'exercer ailleurs ses talents. On voit qu'à proprement parler il n'y a pas là une pièce. Que conclure du grand succès qu'elle a obtenu? Est-il dû à la musique? Sans doute elle est fort agréable; mais les spectateurs l'écoutent à peine et aucun des morceaux ne peut être chanté dans les salons ni les concerts. Ce sont donc les parties accessoires de l'ouvrage, le jeu des actrices, la manière dont elles soulignent et miment les couplets égrillards et les mots à double entente, leurs costumes ou souvent l'absence de costume, qui attirent le public et amènent le succès succès d'argent, s'entend. L'air populaire de la Camargo, bien orchestré, sert de début à l'ouverture et, avec d'autres motifs, donne la date de la pièce. La scène du foyer de la danse est pleine d'animation et de gaieté. Les morceaux qui ont le plus d'originalité et qui ont le mieux réussi sont: dans le premier acte, la romance de Saturnin, *Je vous ai dit mon ignorance*, le chœur des voleurs; dans le second, les couplets de la Camargo, *Laissez-moi, monsieur le voleur*, les airs de ballet, qui sont tous charmants et variés, et le finale; dans le troisième, le petit pont-neuf *Saute, Suzon*, le duetto de Colombe et de Saturnin, *Étais-tu bête!* dont la mélodie, gracieuse et fine, contraste avec la vulgarité des paroles, et la ronde de la marmotte en vie, *Eh! youp! eh! youp! Javotte; fais sauter la marmotte*. Les principaux rôles ont été chantés par MM. Vauthier, Berthelier, Lary; Mmes Zulma-Bouffar, Desclauzas, Milly-Meyer.

CANTINIÈRE (la), opérette en trois actes, livret de MM. Burani et Félix Ribeyre, musique de M. Robert Planquette, représentée au théâtre des Nouveautés en octobre 1880. La pièce est une bouffonnerie à outrance qui échappe à l'analyse. On a applaudi surtout les couplets d'Alcindora, la femme torpille : *J'suis un'femme d'tempérament*, ceux de Rastagnac : *Je le coupe en deux, en trois, en quatre*; ceux de Victoire, la cantinière : *Ah! tu fais ton pacha*, ceux des *Bottes* et une mazurka au troisième acte. Joués et chantés par Brasseur, Berthelier, Scipion, Guyon, Mlles Silly, Piccolo et Gilberte.

CAPITAINE FRACASSE (le), opéra-comique en trois actes et six tableaux, livret tiré du roman de Théophile Gautier, par M. Catulle Mendès, musique de M. Émile Pessard, représenté au Théâtre-Lyrique (salle Ventadour) le 2 juillet 1878. Autant le talent d'écrivain du romancier est remarquable, autant ses conceptions sont bizarres et fausses. Le sentiment de la nature est absent, et comme c'est ce sentiment qui est l'âme d'une œuvre dramatique, celle-ci est hybride et dénuée de véritable intérêt. Cependant l'auteur a su y ajouter plusieurs épisodes ingénieux et amusants. La partition de M. Émile Pessard a, au contraire, tous les caractères d'une œuvre consciencieuse, sincère. Il a exprimé avec talent les situations du livret, la tristesse du sire de Sigognac, pauvre gentilhomme vivant seul dans son château délabré; la verve des comédiens, le défilé des personnages de la *commedia dell'arte*, la scène populaire du pont Neuf, la sauvage nature de la bohémienne Chiquita, les sentiments généreux d'Isabelle la comédienne, la gaieté de Zerbine. Les morceaux les plus saillants de cet ouvrage sont : dans le premier acte, l'andante de Sigognae, *O fiers seigneurs, guerriers aux belles armes*; dans le second, l'hymne à Bacchus, plus gaulois qu'antique; dans le troisième, l'air pathétique d'Isabelle, *O mon Sigognac!* non aussi peu chevaleresque que musical; une jolie marche orchestrale, le duettino d'Isabelle et de Zerbine, l'odelette *La voix du rossignolet*, dont la forme archaïque est bien rendue et où la suppression de la note sensible est amenée avec beaucoup de goût. Cet opéra a été chanté par MM. Melchissédec, Fromant, Taskin, Paul Ginet, Barielle, E. Martin, Doff, Rémond, Jouanny, Pop; Mlles O. Moisset, Vergin, Am. Luigini.

CAPITAN AHLSTRÖM, opérette allemande en deux actes, musique de Joseph Hellmesberger fils, représentée au théâtre de Ronacher, à Vienne, en mai 1880.

CAPRICES DE MARGOT (les), opéra-comique en un acte, livret de M. Coste, musique de M. A. Luigini fils, représenté au Grand-Théâtre de Lyon le 13 avril 1877.

CARABINIÈRES DU ROI (les), opéra-comique, musique d'Émile Kaiser, représenté au théâtre de Salzbourg en avril 1879.

CARBONARI (die), opérette allemande, livret de MM. Zell et West, musique de M. Carl Zeller, représentée au Carltheater de Vienne en décembre 1880.

CARMELA, opéra-seria, livret de Burali-Forti, musique de C. Burali-Forti, représenté au théâtre Petrarca, à Arezzo, le 17 mars 1880.

CATERINA DA VINZAGLIO, opéra-seria, livret de Massa, musique de B. Pozzolo, représenté au théâtre Civique de Verceil le 8 février 1879; chanté par de Caprile, Astori, Terzi, Mmes Florenza, Arpisella.

CAVALIERI DI MALTA (i), opéra-seria, livret de Gelsciani, musique de A. Nani, représenté au théâtre Royal de Malte le 16 janvier 1880.

CELESTE, opéra semi-seria, musique de A. Abbati, représenté à Rimini le 28 février 1878; chanté par Sarti, Palou, Mme Renzi. Le sujet de cet ouvrage a été tiré de l'idylle de Leopoldo Marenco.

CENDRILLON, opéra-comique en trois actes, paroles d'Étienne, musique de Nicolo Isouard. (Voyez notre article dans le *Dictionnaire lyrique*, page 117.) Cet ouvrage fut repris à l'Opéra-Comique le 13 janvier 1877, et on y introduisit, au deuxième acte, un divertissement intitulé les *Saisons*, composé de quatre entrées et d'un prologue. Les motifs furent choisis par M. Théodore de Lajarte dans les airs à danser tirés des ouvrages de Lulli, Destouches, Mion, qu'il orchestra avec goût et en leur conservant leur saveur archaîque. La vieille Cendrillon du conte de Perrault retrouva ainsi ses atours sous les traits de Mme Julien Potel.

CENTO ASTUZIE, opérette italienne, musique de F. Zanetti, représentée au conservatoire Santa-Anna de Pise en mars 1877.

CERCATORI D'ORO (i) [*Les Chercheurs d'or*], vaudeville italien, musique de Dinaigi, représenté au théâtre Quirino de Rome le 4 décembre 1877.

CÉSARINE, opérette allemande, musique de Max Wolf, représentée au Ringtheater, à Vienne, en décembre 1878, et au théâtre de Friedrich-Wilhemstadt, à Berlin, en avril 1879.

CHAR (LE), opéra-comique en un acte et en vers, livret de MM. Paul Arène et Alphonse Daudet, musique de M. Émile Pessard, représenté à l'Opéra-Comique le 18 janvier 1878. Scarron a semé de quelques traits d'esprit son *Énéide travestie*; Desmoustiers a montré autant de goût que de finesse dans ses *Lettres à Émilie sur la mythologie*. Daumier a déployé un robuste talent de dessinateur dans ses caricatures des héros de l'antiquité; après eux, des auteurs et des artistes modernes ont cherché à tirer des sociétés grecque et romaine des sujets plus ou moins familiers; en peinture, M. Gérome, M. Hamon; en littérature, M. Émile Augier; en musique, M. Ambroise Thomas et M. Victor Massé dans *Psyché* et dans *Galatée*. Puis sont venues les parodies grotesques de M. Offenbach : *Orphée aux Enfers*, la *Belle Hélène*; les cocasseries de M. Hervé. Un peu de réflexion doit suffire pour montrer qu'il faut posséder beaucoup de goût et de mesure pour traiter au théâtre et dans des œuvres de demi-caractère les épisodes et les légendes antiques. Dans la pièce dont il s'agit, Alexandre, au milieu d'une leçon d'arithmétique que lui donne Aristote, en est distrait par la présence d'une esclave, dite Gauloise, malgré son nom grec, Briséis, qui vient laver à la fontaine. Après une petite scène de lutinerie, interrompue par l'arrivée du précepteur, l'esclave, menacée d'être congédiée, s'arrange de manière à rendre amoureux d'elle le philosophe lui-même, au point qu'elle l'amène à faire toutes ses fantaisies, à s'atteler à un char, revêtu du harnais et le mors à la bouche, et à la traîner ainsi. Alexandre monte derrière elle pendant le trajet, et lorsque Aristote se retourne, étonné du fardeau qu'il tire, il voit avec stupeur qu'il a été bafoué et comprend la puissance irrésistible de l'amour. Des détails vulgaires et le style d'opérette qu'on lui a donné ont gâté ce livret tiré du fabliau d'Aristote. Les imagiers du moyen âge représentaient souvent cette légende sur les vitraux et les sculptures des cathédrales comme une leçon morale. On y voyait un philosophe, désigné par plaisanterie sous le nom d'Aristote, mains et genoux à terre, portant sur son dos une courtisane. On ne devait transporter au théâtre cette image des influences de l'amour qu'au moyen d'une affabulation gracieuse et délicate. On comprend Hercule aux pieds d'Omphale, Samson aux genoux de Dalila; une Nausicaa peut traverser un poème, mais elle ne saurait fournir un sujet d'opéra-comique, avec Aristote et Alexandre pour partenaires, tous deux épris d'une blanchisseuse qui leur parle de ses camarades du pont de Sèvres :

Quand vient le temps des grandes eaux,
Le bourg se voit à peine,
Perdu qu'il est dans les roseaux,
Les roseaux de la Seine;
C'est là, n'en soyez pas surpris,
Que fleurit, parmi les iris,
Une fleur peu commune :
La fillette de nos pays
Qui n'est blonde ni brune.

C'était sacrifier toute littérature au genre de l'opérette que de mettre en scène Alexandre déjà assez grand pour conter fleurette et de lui faire débiter un duo avec Aristote sur ces paroles : *Deux fois trois font six, deux fois cinq font dix*; de lui faire étendre du linge et baiser les bras d'une esclave délurée pendant qu'il en reçoit des soufflets. De telles plaisanteries auraient dû être écartées par un compositeur d'esprit et de goût comme M. Émile Pessard. Les morceaux les plus remarqués dans ce petit ouvrage sont : l'ouverture, dont les développements et le caractère n'ont aucun rapport avec le sujet, mais qui en soi est bien traitée; le motif d'accompagnement du premier duo, les couplets de Briséis, la valse chantée, *Mais je les tiens, les jolis doigts*. Distribution : Alexandre, Mme Galli-Marié; Briséis, Mme Irma-Marié; Aristote, M. A. Maris; le roi Philippe, un confident, des gardes complètent le personnel de la pièce.

CHARBONNIERS (LES), opérette en un acte, livret de M. Ph. Gille, musique de M. J. Costé, représentée aux Variétés le 4 avril 1877. La pièce est fort comique et amusante. La scène se passe à Paris, dans le bureau d'un commissaire de police; Thérèse Valbrezigue, charbonnière, et son voisin Pierre Cargouniol, charbonnier, se querellent en présence de M. Bidard, sous-secrétaire du commissaire de police ahuri. Ces ennemis irréconciliables se retrouvent après s'être débarbouillés et débarrassés des insignes de leur métier. Ne se reconnaissant pas, ils se plaisent l'un à l'autre, se le disent et réunissent dans un hymen bien assorti leurs sacs de charbon. La musique est sans prétention, comme il convenait à un canevas aussi léger. On a remarqué le *duo de la galanterie* et la *chanson*, dite morvandaise, *du coucou*. Si sa provenance est réelle, ce chant est moderne, car les noëls morvandiots ont un tout autre caractère, comme rhythme et comme tonalité. Distribution : Thérèse, Mme Judic; Pierre, M. Dupuis; Bidard, M. Baron; Tardivel, M. Léonce.

CHARLOTTE CORDAY, drame lyrique en quatre actes, livret de M. Van der Ven, musique de M. Benoît, représenté au Théâtre-Flamand, à Bruxelles, le 15 avril 1877. L'ouverture est le morceau le plus important. Le musicien a eu l'idée assez peu artistique de combiner ensemble des airs de la Révolution : la *Marseillaise*, la *Carmagnole* et *Ça ira*. L'idée, d'ailleurs, n'était pas nouvelle : on trouve des pots-pourris de cette espèce dans les *Feuilles de Terpsichore*, journal de musique de ce temps. On a remarqué aussi une valse et une marche funèbre. Le sujet comportait des contrastes.

CHEVALIER DE LARTIGNAC (LE), opéra-comique en deux actes, livret de M. Bias, musique de M. A. Corbis, représenté au Casino de Dieppe le 13 août 1877. Chanté par MM. Caisso, Soto, Lepers, Mlles Soubre et Sablairolles.

CHEVALIER GASTON (LE), opérette en un acte, livret de M. Pierre Véron, musique de M. Robert Planquette, représentée au théâtre de Monte-Carlo, à Monaco, en février 1879; chantée par Ismaël, Mmes Galli-Marié et Lacombe-Duprez.

CHRISTOPHE, opéra-bouffe en trois actes, livret de M. Bauvin, musique de M. Marnelle, représenté au Gymnase, à Liège, le 17 février 1879.

CIARLATANI (I), opéra-buffa en trois actes, musique de L. Niccolaï, représenté au théâtre Nuovo, à Pise, le 27 septembre 1879; chanté par Colucci, Del Genovese, Di Lolio, Mmes Niccoli, Paolicchi.

CINQ-MARS, opéra en quatre actes et cinq tableaux, livret de MM. Paul Poirson et Louis Gallet, musique de M. Charles Gounod, représenté à l'Opéra-Comique le 5 avril 1877. La pièce, tirée du roman d'Alfred de Vigny, offre des défauts graves qui auraient pu compromettre le succès, si le musicien ne les avait fait oublier en partie par la chaleur communicative de son inspiration, la variété des motifs mélodiques et une intelligence consommée des effets dramatiques. Les auteurs du poème en ont écarté les figures historiques principales, c'est-à-dire la reine et le cardinal Richelieu; le roi lui-même ne fait que traverser silencieusement la scène. Ils ont cru devoir ressusciter le Père Joseph, appelé de son temps l'*Éminence grise*, pour lui confier l'action politique et essentielle du drame. Cet ami du cardinal, homme de grands talents, était mort cinq ans avant la conspiration de Cinq-Mars. Il est aussi contraire à la vraisemblance qu'aux convenances que Marie de Gonzague, désignée pour porter la couronne de Pologne, aille et vienne seule sur la scène, le jour et la nuit, sans être même accompagnée d'une suivante. On aura beau dire que les confidentes ont fait leur temps au théâtre, le bon goût et les bienséances sont de tous les temps.

Au premier acte, qui se passe au château de la famille d'Effiat, Cinq-Mars, appelé à la cour par le cardinal, reçoit les vœux et les conseils de ses amis. Affligé de quitter Marie de Gonzague qu'il aime, inquiet de sa destinée future, il ouvre un livre et tombe sur un passage de la vie de deux saints subissant ensemble le martyre. Il fait part à son ami de Thou de ses pressentiments. Le Père Joseph se présente et, de la part du roi, annonce à Marie de Gonzague qu'elle devra accepter d'être reine de Pologne. Le chœur souhaite à Cinq-Mars un heureux voyage. Ce chœur, écrit pour voix d'hommes, est d'un joli effet : *Allez par la nuit claire, allez, beau voyageur*. Marie arrive au rendez-vous sollicité par Cinq-Mars et chante une cantilène, *Nuit resplendissante*, à laquelle la mesure à douze-huit donne une ampleur expressive. Dans le duo qui suit, on remarque une jolie phrase :

Faut-il donc oublier les beaux jours écoulés,
Les furtives rougeurs trahissant nos pensées,
Les paroles d'adieu lentement prononcées
Et les aveux muets de nos regards troublés?

Le premier tableau du deuxième acte représente un des vestibules du palais du roi. Marion Delorme et Ninon viennent se plaindre auprès de Cinq-Mars, nommé grand écuyer, de ce que le cardinal les menace de les exiler. Ici se place une chanson un peu verte contre

Richelieu chantée par un jeune seigneur nommé Fontrailles :

> On ne verra plus dans Paris
> Tant de plumes ni de moustaches,
> Ni de batailleurs aguerris;
> Adieu, les jeux, adieu, les ris,
> Adieu, raffinés et bravaches !
> Gardez Marion et Ninon
> Et que le cardinal en crève ;
> Que la corde après le bâton
> Lui soit une bonne leçon.
> Quand donc, mon Dieu, le verra-t-on
> Tout pantois en place de Grève !
> Gardez Marion et Ninon
> Et que le cardinal en crève !

La reprise du chœur est très harmonieusement disposée pour les voix. Le chœur des courtisans sollicitant le crédit du grand écuyer a un caractère de platitude et de banalité qui convient à la situation. Le Père Joseph, dans un récitatif très digne et d'une déclamation pleine de noblesse, annonce à Cinq-Mars qu'il doit renoncer à obtenir la main de la princesse qu'il a sollicitée. Le grand écuyer déclare qu'il n'obéira pas à l'ordre du cardinal.

Une fête chez Marion remplit le second tableau. On entend d'abord une sorte de menuet excellemment traité. Le roman de la *Clélie* fait les frais de tout le divertissement. L'air chanté par Marion est un pastiche habilement présenté :

> Bergers qui le voulez connaître
> Ce pays dont l'amour est maître
> Et dont l'aspect charme nos yeux,
> Il est pour arriver à Tendre
> Deux chemins que vous pouvez prendre ;
> Voyez lequel vous plaît le mieux.
> Tous deux l'un suivent les rivages
> Du beau fleuve *Inclination !*
> Sur l'un, d'abord, on trouve deux villages,
> Qui sont : *Complaisance* et *Discrétion !*
> Petits soins vient après. Empressement vous mène
> À *Sensibilité ;*
> De *Sensibilité* vous arrivez sans peine
> À *Bonheur constaté.*
> L'autre chemin, sur l'autre rive,
> Passe par *Jolis vers* et par *Billet galant !*
> Ainsi vivement on arrive,
> Et peut-être d'un pas moins lent.
> Ah ! gardez-vous surtout de *Négligence*
> Qui vous pousse à *Tiédeur,* puis à *Légèreté !*
> Malheur au voyageur dans ce chemin jeté :
> Il s'en va se noyer au lac d'*Indifférence !*

La scène de la conjuration, qui vient ensuite, n'offre pas un intérêt suffisant. D'une part, le glorieux Cinq-Mars, de l'autre, ces jeunes libertins ont assez mauvaise grâce à chanter *Sauvons le roi, sauvons la noblesse et la France, délivrons le trône et l'autel,* lorsqu'ils s'engagent à signer un traité d'alliance avec l'Espagne pour renverser Richelieu. Une conspiration aussi ridicule ne pouvait guère inspirer un bon compositeur tel que M. Gounod ; aussi ce finale n'offre d'intéressant que les reproches bien sentis de de Thou, épousant cependant une cause que sa conscience désavoue.

Le troisième acte débute par le vieil air de trompe *Tauton, tontaine, tontin* et un chœur de chasseurs. Les deux amants vont se fiancer l'un à l'autre dans une chapelle voisine ; le fidèle de Thou assiste seul à ce rendez-vous. Ce trio n'est, à proprement parler, qu'un duo, car la belle phrase, la mieux inspirée de tout l'ouvrage, est chantée à l'octave par Cinq-Mars et Marie : *Ah ! tenez, que devant l'autel Un serment d'amour immortel nous lie!* Les conjurés ont assisté aux fiançailles et sortent de la chapelle. Le Père Joseph chante un air de basse d'un style superbe :

> Dans une trame invisible
> Nous t'avons enveloppé ;
> Sur ton front s'étend une main terrible,
> Au moment choisi tu seras frappé !

Quelle qu'ait été l'intention des auteurs de rendre odieuse l'Éminence grise, c'est ce capucin qui a le rôle le plus intéressant, et le caractère de ce personnage a été tracé de main de maître par M. Gounod. Le P. Joseph fait de grands efforts pour détacher Marie de Cinq-Mars ; mais c'est en vain ; elle a lié son sort au sien et elle lui sera fidèle jusqu'à la mort. Suit un hallali vocal qui occupera une bonne place dans le répertoire des orphéons.

Au quatrième acte, les deux conjurés sont enfermés dans la prison du château de Pierre-Encise. La musique de cet acte porte le caractère de mysticité vers laquelle se retourne volontiers M. Gounod ; l'expression en est juste jusqu'à la fin. La cavatine chantée par Cinq-Mars, *O chère et vivante image!* est pathétique ; elle est suivie d'une strette avec Marie, qui a pénétré dans la prison pour sauver son amant ; cet ensemble est dans la forme italienne et cependant ne fait aucune disparate, parce qu'il se trouve d'accord avec le mouvement passionné du morceau. L'opéra se termine par l'arrivée du chancelier, qui lit la sentence de mort. Cinq-Mars rappelle à son ami le pressentiment que leur a causé la lecture du martyre des deux chrétiens, au premier acte ; tous deux chantent un dernier cantique et marchent au supplice ; Marie de Gonzague tombe évanouie. La presse s'est montrée à ce point distraite, qu'elle a à peine remarqué les défauts choquants du livret et a passé sous silence les beautés de cette partition. On a même critiqué la prétendue négligence de l'orchestration. Celle-ci est, au contraire, aussi soignée dans les détails que les autres ouvrages de M. Gounod. Cet opéra a été chanté par Dereims, Giraudet, Stéphane, Barré, Mlle Chevrier, Mme Franck-Duvernoy, Mlle Philippine Lévy.

CLEF D'OR (LA), comédie lyrique en trois actes et quatre tableaux, paroles de MM. Octave Feuillet et L. Gallet, musique de M. Eugène Gautier, représentée à l'Opéra-National-Lyrique le 14 septembre 1877. Le roman de M. Octave Feuillet est une étude psychologique, délicate et quintessenciée qui ne convenait pas à un ouvrage lyrique. Malgré tout ce qu'on lui a ajouté pour donner de la variété et de l'action à cette pièce, elle a été jugée insupportable, à cause de sa monotonie et de son peu d'intérêt. Eût-elle été mieux traitée par le musicien, qu'elle n'aurait pu réussir. Suzanne vient d'épouser Raoul d'Athol, à qui elle a remis une petite clef d'or, symbole de la possession de son cœur. Son indigne mari, loin de se montrer reconnaissant de cette marque ingénue de l'amour fidèle, ne dissimule pas son indifférence. Suzanne reprend sa clef, mais son mari ne tarde pas à revenir à de meilleurs sentiments envers sa femme et se la fait rendre. Il y a naturellement dans cette pièce des amoureux éconduits, un ami, Georges Vernon, dont la concurrence est assez redoutable; mais elle se serait passée aisément de hors-d'œuvre tels que des airs de trompe, un air à roulades interminable, dit *Chasse du rossignolet*, et un ballet placé à la fin du deuxième acte sans aucun motif. La musique a paru aussi prétentieuse que dépourvue d'inspiration. On sent que cette partition est l'œuvre d'un musicien laborieux, mais sans idées. Dans le premier acte, les meilleurs morceaux sont le duo entre Des Tournels et Laubriant, la romance *La bas elle passait*, et, dans le second, une autre romance, toutes deux chantées par Vernon. Distribution : Frédéric Achard, Bouhy, Grivot, Christian, Mlles Marimon et Sablairolles. La chute de cet ouvrage a été complète.

CLEOPATRA, opéra-seria, musique de F. Bonamici, représenté au théâtre de la Fenice, à Venise, le 8 février 1879.

CLEOPATRA, opéra-seria, livret de Rabitti, musique de V. Sacchi, représenté au théâtre Carcano de Milan le 23 novembre 1877; chanté par Baldini, Acconci, Mmes Antanasi, Donati.

CLOCHES DE CORNEVILLE (LES), opéra-comique en trois actes, paroles de MM. Clairville et Ch. Gabet, musique de M. Robert Planquette, représenté aux Folies-Dramatiques le 19 avril 1877. Il serait oiseux d'analyser une telle pièce, qui n'a aucune existence propre. C'est un plagiat des livrets de *Martha* et de la *Dame blanche*, à l'usage des amateurs de grivoiseries. Un enfant perdu qu'on retrouve, Henri de Corneville, revenant dans le château de ses ancêtres, après vingt ans d'absence, au son des cloches; des servantes qui se trouvent être vicomtesses et marquises, tout cela n'aurait pas été assez intéressant pour expliquer un succès qui ne s'est pas affaibli depuis quatre ans et qui a rapporté à ses auteurs des bénéfices tels, qu'aucun chef-d'œuvre de grand musicien n'en produit de semblables dans le même espace de temps. La raison de cet engouement est dans le caractère abaissé de cet ouvrage, qui répond exactement à la mesure d'esprit, de goût et d'art de la plus notable portion du public français, tel que le genre de l'opérette l'a façonné, dressé, modelé et perverti. Il trouve, en effet, du plaisir à entendre des chœurs de valets, de cochers et de servantes, des gauloiseries telles qu'en contient la *Chanson du cidre*, qu'il fait bisser deux fois par jour, car on a joué souvent cette pièce en matinée, sans préjudice du spectacle ordinaire; il se délecte à entendre une toute jeune fille (Serpolette) débiter des mots scabreux et à double entente. Quand sortira-t-on de cette situation si imprévoyante pour l'avenir de l'art musical, si nuisible aux intérêts des véritables compositeurs? La partition n'est qu'une suite de chansonnettes, de couplets et de valses, entremêlés de plusieurs ensembles. Parmi les morceaux les plus applaudis, nous mentionnerons la *Chanson des cloches*, le trio *Fermons les yeux*, les *Oui* et les *Non*, le rondeau *Je regardais en l'air*, enfin la *Chanson du cidre*. Chanté par Milher, Simon-Max, Voix, Ernco, Vavasseur, Mlles Girard, Gélabert.

CLOZ, opéra-seria, livret de Stecchetti, musique de Giulio Macaaroni, représenté au théâtre Communale de Bologne le 15 novembre 1879; chanté par Barbacini, Vaselli, Silvestri, Mmes Contarini, Vigna. Joué deux fois.

COIFFEUR DE MADAME (LE), opéra-bouffe en un acte, livret de M. Édouard Duprez, musique du Mis de Colbert Chabannais, arrangé pour piano et orchestre par M. Nicou-Choron, représenté sur le théâtre Duprez le 5 mai 1879, chanté par MM. Engel, Léon Duprez, Mlles Legault et Lefranc.

COLA DI RIENZO, opéra-seria, livret de Bottara, musique de Luigi Ricci fils, représenté au théâtre de la Fenice, à Venise, le

21 février 1880. Chanté par Vincentelli, Vaselli, Silvestri et Mme Borsi de Giuli.

COLONELLO (il), opéra semi-seria, livret de Ferretti, musique de Luigi et Federico Ricci, représenté au théâtre del Fondo de Naples le 11 mars 1835, avec quelque succès; chanté par Duprez, Pedrazzi, Porto, Mmes Ungher et Lopez.

COMTESSE D'ALBANY (La), opéra-comique en trois actes, livret de M. Kirsch, musique de M. J.-B. Rongé, représenté au théâtre Royal de Liège en janvier 1877. On a remarqué dans cet ouvrage les qualités rhythmiques qui résultent des études spéciales auxquelles le musicien s'est livré sur cette partie de l'art; et, en outre, les deux premiers finales, un quatuor en canon et le duo dramatique du troisième acte.

COMTESSE ROSE (La), opéra-comique en un acte, livret de M. J. Ruelle, musique de M. Monsour, représenté au Casino de Dieppe le 22 août 1877. M. J. Ruelle a traité avec esprit une idylle provençale. La musique a été également bien accueillie. Chanté par Lepers, Cooper, Gaussins, Mlles Soubre et Blanche Méry.

CONRADIN DE SOUABE, opéra allemand en quatre actes, livret de la princesse Véra, versifié par Ernst Pasqué, musique de Gottfried Linder, représenté au théâtre Royal de Stuttgard en janvier 1879.

CONSALVO, opéra-seria, livret de Catelli, musique de Italo Azzoni, représenté au théâtre dal Verme de Milan le 17 septembre 1878; chanté par Belotti, Corti, Borgioli, Mmes Mosconi, Rakowsky.

CONSTANZA, opéra-seria, musique de A. Nicolau, représenté au théâtre du Lycée, à Barcelone, en avril 1878.

CONTE DI SAN-RONANO, opéra-seria, livret de Goliciani, musique de De Giosa, représenté au théâtre Bellini, à Naples, le 12 mai 1878; chanté par Pantaleoni, Mozzi, Mmes Lablanche, Maccaferri-Scarlatti.

CONTESSA DI BOCCADORO, opérette italienne, musique d'Alessio, représentée au théâtre Métastase de Rome en octobre 1877, sans succès. Cette pièce n'est qu'un arrangement de l'opérette française la Grande-duchesse de Gérolstein, à laquelle le musicien a ajouté plusieurs morceaux de sa composition.

CONVITO DI BALDASSARRE (il), opéra-seria, livret de Dall'Ongaro, musique de G. Miceli, représenté au théâtre San-Carlo de Naples le 12 mars 1878; chanté par Medica, Guidotti, Mmes Singer, Meliz. Cet ouvrage a réussi. Les morceaux les plus appréciés sont: dans le premier acte, la romance de Sebasto (ténor), *Per te morrò*; dans le deuxième acte, l'air de Dina (soprano), *Lieve farfalla*, et l'air de Baldassarre (baryton), *Figlio del sole*; enfin, dans le troisième acte, la grande scène et l'air de Daniele (mezzo-soprano), *L'è di quando regnavo*.

CORTEGIANA INNAMORATA (La) (*le Courtisane amoureuse*), opéra-buffa, livret de Massimo Trojano, musique de Roland de Lattre (Orlando Lasso), représenté le lundi 8 mars 1568 à la cour du duc de Bavière Albert, pendant les fêtes qui eurent lieu à l'occasion du mariage de son fils Guillaume VI, comte palatin, avec la princesse Renée de Lorraine.

Cette pièce ne paraît pas avoir été improvisée la veille, comme le rapporte trop complaisamment l'un des auteurs dans le récit de ces fêtes splendides, imprimé à Venise l'année suivante (1569). En effet, cet ouvrage se compose de trois actes et d'un prologue, avec des morceaux de musique écrits dans le style du temps, c'est-à-dire dans la forme scolastique du canon et de l'imitation, qui ne s'improvise pas. Voici la distribution de cette pièce: le Magnifique Vénitien, sous le nom de Pantalone, Orlando Lasso; buffone, Giovan-Battista Scolari de Trente; un paysan; Polidoro, amoureux de Camilla; don Diego de Mendoza, amant rebuté de Camilla, trois rôles joués par Massimo Trojano; Camilla, la courtisane; le marquis de Malaspina. C'est une succession de scènes comiques reliées sans beaucoup d'art, comme il convient à une pièce de circonstance, faite pour récréer plutôt que pour intéresser. Camilla est amoureuse du bouffon, et tous deux se concertent pour tromper les trois prétendants. La partie musicale était assez développée: elle se composait d'abord d'un madrigal à cinq voix, d'une sérénade chantée par Orlando, avec accompagnement de luth; d'une petite symphonie exécutée par cinq violes; d'un concert, composé d'un quatuor vocal, de deux luths, d'un cembalo, d'une flûte et d'une basse de viole; enfin d'airs à danser. M. Henri Lavoix fils a publié d'intéressants articles sur ces fêtes musicales données au XVIe siècle dans la *Gazette musicale*, mois de mars 1879.

COSCRITTI (i), opéra-comique italien, livret de Rocca, musique de G. Dalbesio, représenté au Cercle artistique de Turin en avril 1878; chanté par des amateurs.

COURTE ÉCHELLE (LA), opéra-comique en trois actes, livret de M. Ch. de La Rounat, musique de M. Edmond Membrée, représenté à l'Opéra-Comique le 10 mars 1879. La pièce est intéressante, pleine d'action et de belle humeur, et, si la musique ne l'eût pas alourdie par des développements exagérés et des complications vocales et instrumentales en dehors de son caractère, elle aurait réussi facilement. La scène se passe au temps de Louis XIII. Le vicomte de Chamilly, viveur élégant et insouciant, est sur le point de réparer sa fortune en épousant une riche héritière qu'il n'a jamais vue, Mlle Diane de Beaumont. Celle-ci partage les sentiments que lui a voués Henri de Chavanne, ami du vicomte. Elle a pour tuteur un vieux galant qui, ne pouvant plus avoir de bonnes fortunes pour son propre compte, favorise volontiers celles des autres. Chamilly, enterrant la vie de garçon dans un repas, a reçu de Chavanne la confidence de ses amours, sauf le nom de la belle. Il se divertit de ses scrupules, et, pour empêcher le mariage projeté, le sien propre, il propose un enlèvement, idée à laquelle le vieux tuteur applaudit, au point de vouloir même prendre part à son exécution. En effet, au deuxième acte, Chamilly fait la courte échelle au jeune Chavanne pour pénétrer auprès de Diane. Le guet vient à passer; les gentilshommes sont provisoirement arrêtés. Chavanne et Diane de Beaumont se sont réfugiés dans une auberge, où se déroule le troisième acte. M. de Beaumont, le tuteur, a appris les détails de l'aventure dont il a été un des acteurs. Dans son emportement contre lui-même et contre le ravisseur, il provoque Chavanne et le blesse légèrement, comme doit toujours l'être un jeune premier à l'Opéra-Comique. Chamilly, qui va redevenir riche par l'héritage d'une tante, renonce à la main de Diane en faveur de son ami. Quelques épisodes comiques agrémentent cette pièce, à laquelle on pourrait peut-être reprocher de ne pas offrir quelques situations relativement sérieuses où la sensibilité ait son tour; car cet élément est indispensable dans un ouvrage musical en trois actes. Il y a dans la partition de nombreuses réminiscences et plutôt des imitations du style d'autres musiciens qu'un travail personnel et spontané. Je signalerai toutefois une romance, *Je suivais triste et solitaire*, au premier acte; dans le second, la marche du guet et la sérénade chantée par le ténor. Chanté par Morlet, Bertin, Maris, Bacquié, Caisso, Barnolt, Teste, Collin, Bernard, Davoust, Mlles Chevrier, Dupuis, Decroix.

CREOLA (LA), opéra-seria, livret de Torelli-Viollier, musique de G. Coronaro, représenté au théâtre Communale de Bologne le 21 novembre 1878; chanté par Petrovich, Kutchman, Dondi, Mmes Fricci, Gargano. Cet ouvrage a obtenu un succès complet.

CRISPINO E LA COMARE, opéra-buffa, livret de Piave, musique des frères Ricci, représenté (pour la première fois) au théâtre de San Benedetto, à Venise, le 28 février 1850; chanté par Rinaldini, Cardi, Cambiaggio, Pasi, Mmes Pecorini et Bordoni. (Voir notre article, page 181.)

CROIX DE L'ALCADE (LA), opéra-bouffe en trois actes, livret de MM. Vast-Ricouard et Favin, musique de M. Henri Perry, représenté au théâtre des Fantaisies-Parisiennes le 29 août 1878. La pièce repose sur l'invention fantaisiste d'un édit assez désagréable pour les maris trompés, qui ordonnait de tracer une croix sur la porte de leur demeure. Le promoteur de cette ordonnance devait nécessairement subir la peine du talion. Une Espagnole fort délurée, la señora Dolorès, se charge de faire afficher la sentence à la porte de l'alcade. Des incidents plus burlesques que comiques émaillent cet ouvrage qui n'est qu'une opérette. La musique se recommande plus particulièrement par la correction que par l'originalité. Cependant il y a beaucoup de naturel dans l'expression des scènes; les couplets de Dolorès, *Me prends-tu pour une novice*, ont de la rondeur; ceux de Rosita: *Ah! papa, pitié pour moi!* de la gentillesse; le duo de Rosita et Pablo, du naturel. La valse et le boléro du troisième acte ont assez d'entrain; mais le meilleur morceau de la partition est le menuet en *fa* exécuté pendant le premier entr'acte. Il est traité avec goût et a du caractère. C'est un joli hors-d'œuvre qui repose l'auditeur des vulgarités de l'ouvrage. Distribution : Pablo, Mme Rose Mérys; Rosita, Mlle Maria Thère; Gertrude, Mlle J. Dalby; Dolorès, Mme Julian; don Antonio, don Bartholomé, Rolando, José, MM. Soto, Caillat, Bonnet, Sujol.

CZARINE (LA), opéra en quatre actes, livret d'Armand Silvestre, musique de G. Villate, représenté au théâtre de La Haye le 2 février

1880. Le sujet, tiré de l'histoire de Catherine II, est traité d'une manière intéressante. La musique, tout italienne dans la forme, offre quelques morceaux très dramatiques, notamment le trio du premier acte et le duo du troisième. Les airs de ballet sont pleins de vivacité et de brio. Chanté par M. Devriès et Mme Laville-Ferminet.

D

DAME AU PORTRAIT (LA) OU LES PROPHÉTIES DE TUIRISI, opéra-comique, livret de Genée et Zell, musique de Max Wolff, représenté au théâtre de Friedrich-Wilhelmstadt en 1877.

DELMIRA, opéra-seria, livret de G. Bacchini, musique de C. Bucchini, représenté au théâtre Pagliano de Florence le 5 décembre 1878; chanté par Caldani, Byron, Mme Luè.

DEMETRIO, opéra-seria, musique de Raffaele Coppola, représenté au théâtre de Victor-Emmanuel, à Turin, le 4 décembre 1877; chanté par Augusti, Valle, Mmes Blume, V. Ferai.

DEUX ALCADES (LES), opérette en un acte, livret de M. Chauvin, musique de M. Georges Douay, représentée aux Bouffes-Parisiens le 10 avril 1879; chantée par Desmonts, Pescheux, Maxnère, Mmes Calderon, Luther, Blot.

DEUX JEANNE (LES), opéra en cinq actes, livret de M. Édouard Duprez, musique du Mis de Colbert-Chabannais, représenté sur le théâtre Duprez en mai 1878. L'action se passe en Bretagne pendant la guerre entre Charles de Blois et Jean de Montfort pour la succession de Jean III. Jeanne de Penthièvre, épouse de Charles de Blois, et Jeanne de Flandre, femme de Jean de Montfort, sont les héroïnes de la pièce. L'auteur de la musique a fait preuve, dans cet ouvrage, d'une verve mélodique incontestable et d'une facilité naturelle dans l'arrangement des voix. La partition a été orchestrée par M. Nicou-Choron. Chanté par MM. Vergnet, Engel, Dangon, Mlles Arnaud, d'Ervilly et Lefranc.

DEUX ORFÈVRES (LES), opéra, musique de Stasny, représenté au théâtre de Mayence en avril 1879.

DIABLE À L'ÉCOLE (LE), opéra, musique de Boubée, représenté à la Société philharmonique dei Nobili, à Naples, le 17 février 1880.

DIANE DE SOLANGE, opéra, musique du duc Ernest de Saxe-Cobourg, représenté au Stadtstheater, à Nuremberg, le 25 décembre 1877.

DIANORA, opéra-comique en un acte, livret de M. Chantepie, musique de M. Samuel Rousseau, représenté à l'Opéra-Comique le 22 décembre 1879. Pour avoir été couronné au concours Cressent, cet ouvrage n'a pas mieux réussi que tous ceux que les jurys des concours analogues, ouverts par la ville de Paris et par des sociétés diverses, ont signalés à l'admiration publique. Le livret est par trop naïf. Fantino le pâtre, ne pouvant décider Dianora à partager sa flamme, feint de s'empoisonner. La belle est dupe de ce stratagème et se rend à cette marque de désespoir amoureux. On n'a pas compris ce que le jury avait trouvé d'intéressant dans cette partition, dont la monotonie a causé la chute précipitée de l'ouvrage.

DJIHAN-ARA, opéra en quatre actes, livret de M. Édouard Duprez, musique du Mis de Colbert-Chabannais, représenté sur le théâtre Duprez en 1868. Le livret a été imité de celui de *la Esméralda* de Victor Hugo. (Voyez page 261.) La partition, qui renferme d'agréables mélodies, a été arrangée par M. Nicou-Choron. Un des morceaux les plus intéressants est le quintette du second acte *Que cette enfant est donc jolie!* La scène se passe à Bruges. M. Coppel et Mlle Devriès ont chanté les principaux rôles.

DOCTEUR PYRAMIDE (LE), opéra-comique en un acte, livret de MM. L. Braud et Jalabert, musique de M. Haring, représenté à Toulouse en janvier 1877.

DOCTEUR OX (LE), opéra-bouffe en trois actes, livret de MM. Philippe Gille et Mortier, musique de M. Jacques Offenbach, représenté au théâtre des Variétés le 26 janvier 1877. Le sujet, tiré d'un conte de M. Jules Verne, est des plus bizarres. Le docteur Ox arrive dans la ville de Quiquendone, restée étrangère jusque-là à tout progrès scientisique; il est accompagné de son domestique ou préparateur, nommé Ygène. Un fragment donnera au lecteur le ton de cette opérette :

LE DOCTEUR OX.

Sachez donc, ô chers inférieurs,
Que vous péririez dans la gêne
Sans les talents bien supérieurs
Du docteur Ox.

YGÈNE.

Et puis d'Ygène!
Sans Ox, Ygène (bis),
Que deviendrait l'espèce humaine?

Le bourgmestre Van Tricasse promet au docteur la main de sa fille; mais une Circassienne, Prascovia, que le docteur avait séduite, survient avec une troupe de bohémiens, fait manquer les expériences du docteur, le brouille avec Van Tricasse et l'oblige à tenir sa promesse et à l'épouser. Ce canevas est bien faible et la musique l'est aussi. La scène dans laquelle le gaz produit par le docteur excite toute la population, échauffe les têtes et trouble les cerveaux des habitants de Quiquendone n'est pas amusante. On commence, un peu tard à mon avis, à se lasser des agencements grotesques de syllabes inventés par M. Offenbach, tels que *les habitants de Qui, de Qui, de Quiquendone*, et d'entendre chanter dans un chœur les mots trente fois répétés : *Le thé bout, le thé bout*; comme aussi de subir un chant développé sur le mot *Thesaurochrysonicochrysides*. Les seuls morceaux qui aient quelque originalité dans cet ouvrage sont la légende de la Guzla, les couplets du docteur Ox : *Je suis doux par vos souhaits*, la *Marche bohémienne*, chantée par Prascovia, ainsi que les couplets : *Tout s'éveille dans la nature*, dans le premier acte; dans le second, le duo flamand de Prascovia et du docteur Ox. Chanté par MM. Dupuis, Pradeau, Léonce, Baron; Mmes Judic, A. Duval, Angèle, Baumaine, etc.

DON GIOVANNI D'AUSTRIA, opéra-seria, livret de M. d'Ormeville, d'après la pièce de Casimir Delavigne, musique de Filippo Marchetti, représenté au théâtre Royal de Turin le 11 mars 1880. Les morceaux les plus saillants de cet ouvrage sont : dans le second acte, le duetto de Pablo et Giovanni, *Più bassa la favella*, pour soprano et ténor, et, dans le troisième, la ballata de Pablo, *Se fossi un augellino*. Chanté par Vergnet, Maurory, de Reszké, Migliara, Viganotti et Mmes Brambilla-Ponchielli; Bordato, Barovetti.

DON JUAN ET HAÏDÉE, scène lyrique, livret de M. Edmond Delière, musique du prince Edmond de Polignac, exécutée à Saint-Quentin le 24 novembre 1877. On a remarqué dans cet ouvrage les romances d'Haïdée et de don Juan, ainsi qu'un chœur bien traité.

DONNA JUANA, tel est le titre substitué en Russie à celui de la *Grande-Duchesse de Gérolstein* (voyez page 711), à cause des allusions que la censure juge prudent d'éviter.

DONNA JUANITA, opérette en trois actes, musique de Fr. von Suppé, représentée au Carltheater de Vienne le 21 février 1880 et au théâtre de Friedrich-Wilhemstadt, à Berlin, en octobre de la même année.

DONNE CURIOSE (LE), opéra-buffa, livret de Zanardini, musique de E. Usiglio, représenté au théâtre Royal de Madrid le 11 février 1879; chanté par Gayarre, Verger, Nannetti, Fiorini, Mmes Borghi-Mamo, Vitali-Augusti, Sanz. Cet ouvrage a obtenu un grand succès.

DON PABLO, opéra-comique allemand en trois actes, musique de Theobald Rehbaum, représenté au Théâtre-Royal de Dresde le 16 septembre 1880, avec un succès d'estime.

DON PEPERONE, opéra-buffa, musique de Gazzera, représenté au Politeama de Savone en avril 1877.

DON PIRLONE, opéra-buffa, livret de Giulieghi, musique de L. Cuoghi, représenté au théâtre d'Udine en janvier 1879.

DON RIEGO, opéra-seria, livret de Ghislanzoni, musique de C. Dall'Olio, représenté au théâtre Argentina, à Rome, le 29 novembre 1879; chanté par Cappelletti, Lalloni, Cherubini, Mmes Milani-Vela, Cristofani.

DOUBLE ÉPREUVE (LA), opéra-comique en un acte, livret de M. Ernest Dubreuil, musique de M. Léon Vercken, représenté dans les salons de MM. Mangeot frères le 29 janvier 1881. La pièce, assez agréable et spirituelle pour être jouée dans un théâtre de société, aurait besoin d'être un peu retouchée pour la scène. La musique, au contraire, est très travaillée et ne peut manquer d'être favorablement accueillie par les dilettantes. L'harmonie, d'une correction irréprochable, fait valoir la mélodie, toujours vive et gracieuse. On a surtout remarqué l'air de Manuela et son duo avec Pablo.

DROIT DU SEIGNEUR (LE), opéra-comique en trois actes, livret de MM. P. Burani et Boucheron, musique de M. Léon Vasseur, représenté au théâtre des Fantaisies-Parisiennes le 13 décembre 1878. On s'est souvent diverti au théâtre au sujet de cette ridicule légende ; mais les anciens librettistes le traitaient d'une main plus légère que ceux d'aujourd'hui. Il suffit de rappeler les couplets du *Nouveau seigneur du village* :

> Ah ! vous avez des droits superbes
> Comme seigneur de ce canton.

Dans l'opérette dont il s'agit, l'expression est aussi crue que l'intention est peu voilée :

> Le vassal doit à son seigneur
> De tout réserver la primeur ;
> Le blé qu'il rentre dans sa grange,
> La vigne dont il fait vendange, etc.
> Et s'il prend une ménagère
> Ayant verts, beauté, fraîcheur,
> Il en doit aussi la primeur,
> Et voilà le droit du seigneur.

C'est sur cette donnée que se sont éreintés les auteurs pendant trois actes. La musique ne rachète pas la vulgarité du sujet. Les idées manquent d'originalité ; l'harmonie n'est pas toujours correcte. Cependant quelques morceaux sont assez bien traités ; tels sont : la *Légende des ancêtres*, dont le motif est répété trois fois dans l'ouvrage ; le terzetto *Oui, je suis depuis ma naissance*, dans lequel se trouve une fort jolie phrase dite par Lucizette, *Vite, il faut partir*; le motif à deux-quatre de l'orchestre dans le finale du second acte, et le trio bouffe du troisième. Chanté par Mmes Humberta, Rose Méryss, Cuinet ; MM. Cyriali, Denizot, Sujol, Bonnet.

DUCA E PAGGIO, opérette, livret de Golisciani, musique de Giovanni Guarro, représenté au Collegio di Musica, à Naples, le 28 février 1880.

DUC ET PAYSAN, opéra-comique en un acte, livret de M. H. Yvert, musique de M. Brion d'Orgeval, représenté au théâtre d'Amiens en avril 1877.

DUE ORANG-OUTANG (I), opérette italienne, musique de N. Coccon, représentée à l'Orfanotrofio-Gesuati, à Venise, le 17 avril 1879 ; jouée par les élèves de l'orphelinat.

DUE RITRATTI (I), opéra-buffa, livret et musique de Federico Ricci, représenté au théâtre San-Benedetto, à Venise, le 31 novembre 1859 ; chanté par Giuglini, Goria-Zocchini et Mme Gassier.

E

EGMONT, opéra-seria, livret de Faraglia, musique de G. Dell'Orefice, représenté au théâtre San-Carlo, à Naples, le 14 mai 1878 ; chanté par Medica, Silvestri, Marini, Mmes Melia, de Giuli.

ELDA, opéra-comique italien en quatre actes, musique de G. Tirindelli, représenté au théâtre de l'Académie, à Conegliano, le 2 octobre 1877 ; chanté par Carnelli, Giannini, Papini, Pozzi et Mmes Cescati, Tancioni.

ELDA, opéra-seria, livret de d'Ormeville, musique de A. Catalani, représenté au théâtre Royal, à Turin, le 31 janvier 1880. Chanté par Barbacini, Athos, de Reszké, Mmes Garbini et Boulitscholl.

ELISA, opéra-seria, livret de Astrakli, musique de G. Tessitore, représenté au théâtre Vittorio-Emanuele, à Turin, le 4 décembre 1879 ; chanté par Patierno, Pato, Vecchioni, Mmes Tellini, Larovetti.

ELISIRE DI GIOVINEZZA (L'), opéra semi-seria, livret de Magne, musique d'Arneiro Visconte, représenté le 2 juin 1877 au théâtre dal Verme, à Milan ; chanté par Maurelli, Pinto, Baldassari, Mme Piccioli. Cet ouvrage avait été représenté auparavant, en 1874, au théâtre San-Carlo de Lisbonne.

EMBRASSONS-NOUS. FOLLEVILLE, opéra-comique en un acte, livret de MM. Labiche et Lefranc, musique de M. Avelino Valenti, représenté à l'Opéra-Comique le 6 juin 1879 ; l'ancien vaudeville joué en 1850 ne comportait pas les développements d'un ouvrage lyrique. On n'a retenu qu'un joli menuet et un duo dont le vieux menuet d'Exaudet a fait les frais. Chanté par Barré, Barnolt, Maris, Mlle Clerc.

EMMA, opéra-seria, livret de Romani, musique de E. Cavazza, représenté au théâtre Brunetti, de Bologne, le 6 juin 1877 ; chanté par Byron, Valle, Mme Pozzi-Ferrari. Le livret est le même que celui d'*Emma d'Antiochia*, déjà mis en musique par Mercadante.

EN MARAUDE, opérette en un acte, livret de M. Émile Mendel, musique de M. Ettling, représentée aux Bouffes-Parisiens le 2 mai 1877. On a applaudi dans ce petit ouvrage le duo des dragons.

EQUIVOCI (GLI), opéra-comique italien, livret de Golisciani, musique de E. Sarria, représenté au théâtre Nuovo, à Naples, le 17 février 1878; chanté par Montanaro, Morelli, Manzoli, Mme Giorgio.

ERO E LEANDRO, opéra-seria, livret de Boito, musique de G. Bottesini, représenté au théâtre Royal de Turin le 11 janvier 1879; chanté par Barbacini, Roveri, Mme Bruschi-Chiatti. Cet ouvrage a obtenu beaucoup de succès. On a surtout applaudi, dans le troisième acte, la scène dramatique chantée par Ero : *Splendi! erma facella*.

EROS, opéra-comique en un acte et en vers, livret de MM. J. Goujon et Daniel, musique de M. A. Boucquin, représenté au théâtre du Cirque, à Rouen, le 19 février 1878.

ESCLAVE AU SÉRAIL (L'), opéra de Doppler. (Voyez *Wanda*, page 708.) C'est sous ce titre que l'opéra allemand *Wanda* est représenté à Varsovie, par ordre de la censure, afin d'éviter toute allusion politique.

ESTELLA, opéra déjà donné à Paris sous le titre de *les Bluets* (voyez page 222), musique de M. Jules Cohen, représenté au théâtre de Covent-Garden, à Londres, en juillet 1880. Cet ouvrage n'a pas réussi. On a ajouté des récitatifs et plusieurs morceaux. On a remarqué une jolie valse. Mme Patti a chanté le principal rôle.

ÉTIENNE MARCEL, opéra en quatre actes et six tableaux, livret de M. Louis Gallet, musique de M. Camille Saint-Saëns, représenté au théâtre de Lyon le 8 février 1879. La pièce est intéressante et offre des situations très dramatiques, dont plusieurs rappellent celles des *Huguenots* et de la *Juive*. Elle était de nature à fournir à un compositeur doué d'inspiration l'occasion d'ajouter un ouvrage au répertoire français. Les personnages sont : Étienne Marcel, prévôt des marchands; sa fille Béatrix, Robert de Loris, écuyer du dauphin et amoureux de Béatrix; Eustache, aventurier et âme damnée du prévôt; Jean Maillard, quartenier; le dauphin; Robert de Clermont, maréchal de Normandie; Marguerite, femme d'Étienne Marcel; l'évêque de Laon, Robert Lecocq; Pierre, ami de Robert de Loris. Au premier acte, les hommes du peuple, excités par Eustache, témoignent leur aversion pour les gens du roi et se disposent à la révolte. Béatrix, insultée par quelques soldats, est protégée et délivrée par Robert de Loris. Étienne Marcel arrive sur ces entrefaites, remercie froidement le libérateur de sa fille et soupçonne les sentiments qu'ils éprouvent l'un pour l'autre. Un crieur annonce la condamnation d'un bourgeois nommé Perrin Marc, qui a assassiné le trésorier du dauphin. Cette nouvelle est accueillie avec fureur par les mécontents, qui, excités par l'évêque de Laon et Eustache, demandent à Étienne Marcel de se mettre à leur tête. Celui-ci accepte, malgré les remontrances de Jean Maillard :

> Prends garde, compagnons,
> Bourgeois sont tes frères;
> Sers notre liberté, mais sans trahir le roi!
> Les colères que tu soulèves
> Se retourneront contre toi!

Étienne Marcel répond par le cri : Aux armes! répété par les gens qui l'entourent. Dans le second acte, le dauphin confie à son écuyer les ennuis qui l'obsèdent :

> Parfois je songe en ma tristesse
> A m'enfuir loin de cette cour,
> Libre de soins, l'âme en liesse,
> Ivre de soleil et d'amour.
> Mais hélas! que cette heure est brève!
> Ma grandeur, à tous les instants,
> Brisant les ailes de mon rêve,
> Fait s'évanouir ce printemps.
> Chaque matin, sous le jour pâle,
> Se dresse le même horizon,
> Et cette demeure royale
> Est morne comme une prison.

Le musicien aurait pu rendre le dauphin intéressant en lui faisant chanter sur ces paroles un air, une cavatine développée, au lieu d'un cantabile syllabique dont la mélodie est écourtée. Mais l'école à laquelle il s'est affilié affecte de supprimer dédaigneusement les dénominations usuelles des morceaux d'une partition pour ne les désigner que par le numéro de la scène, de sorte qu'il n'y a ni duos, ni trios, ni quatuors, mais une suite de récits coupés de loin en loin par des chœurs; cette théorie, qui transforme une œuvre dramatique en une mélopée récitante, est commode pour dissimuler la pénurie d'idées; mais elle ne saurait être appliquée avec logique par ceux-là même qui la préconisent, faute d'avoir en eux les inspirations nécessaires pour intéresser et plaire. Ils placent dans l'orchestre et çà et là dans la partie vocale tout ce que leur imagination avare leur fournit de mélodie, et l'on n'est pas peu surpris de la banalité et du style plat de ces phrases courtes, dont la valeur s'accorde si peu avec les prétentions novatrices de ces messieurs, qui se sont nommés eux-mêmes *musiciens de l'avenir* pour escompter dans le présent les avantages qu'un public facile à séduire attribue volontiers à ceux qui lui promettent du nouveau.

Les insurgés envahissent le palais et massacrent aux pieds du dauphin Robert de Clermont, maréchal de Normandie. L'histoire fait mention d'une autre victime de la fureur populaire, de Jean de Conflans, maréchal de Champagne; mais le librettiste a pensé avec raison que le meurtre d'un seul personnage était suffisant dans un opéra; seulement, au dénouement, il aurait peut-être mieux obéi aux convenances dramatiques en faisant punir Étienne Marcel de sa trahison sur la scène plutôt que dans la coulisse. Robert de Loris veut venger la mort du maréchal; la populace va lui faire un mauvais parti; Étienne Marcel s'acquitte de sa dette envers lui en le protégeant à son tour. La scène du chaperon aux couleurs de la ville de Paris, placé sur la tête du dauphin, n'a pas été omise. Dans un second tableau, une scène domestique a lieu entre le père qui annonce la fausse nouvelle de la mort de Robert de Loris, et sa fille, dont la douleur trahit l'amour. Les paroles du livret sont très négligées en cet endroit pathétique. Étienne Marcel accable Béatrix de reproches et la menace de tuer celui qu'elle ose aimer. Marguerite intercède en vain. La musique de cette scène n'est que violente et n'a aucune valeur musicale. Le chant de Béatrix restée seule: *O leurs rêves évanouis!* sans offrir d'idée neuve, est d'une expression juste. Ici se place, désigné sous le nom de scène v, un véritable duo d'amour. Robert est auprès de sa bien-aimée; il veut l'entraîner, et, au moment où elle va céder à ses instances et quitter la demeure de ses parents, on frappe à la porte et des insurgés appellent Marcel. Béatrix décide son amant à fuir leur colère en passant par une porte dérobée; mais, au moment où il va la franchir, Étienne Marcel entre, ouvre la porte du fond qui donne passage à la foule; on se précipite sur Robert qui se fait place l'épée à la main et sorte par la fenêtre. Ce finale est, comme on le voit, assez mal conduit, et la jeune fille y joue un rôle peu convenable. Quant à la musique, on remarque dans le duo une phrase adagio: *Interroge les astres d'or*, et une autre phrase: *O pure extase*; le reste n'offre que des effets de sonorité obtenus par de fréquents unissons.

Le troisième acte a lieu devant Notre-Dame. On fête la Saint-Jean. Le peuple est en liesse; on danse. Le ballet est fort long et varié. Le meilleur morceau est intitulé: *Musette guerrière*. Étienne Marcel, entouré des échevins, est reçu par l'évêque de Laon avec une grande solennité. Robert, déguisé en mendiant, s'approche de Béatrix, lui dit que la fin du pouvoir usurpé par son père est prochaine, qu'il sauvera ses jours, mais qu'elle doit fuir avec lui. Au moment où Béatrix donne son consentement à un nouveau projet de fuite avec son amant, Robert est reconnu par Eustache et encore une fois livré à la colère de Marcel; mais il s'est produit dans le peuple un revirement subit contre le prévôt, Jean Maillard lui tient tête, et, appuyé par le populaire à son tour, délivre le prisonnier. Eustache, espion du roi de Navarre Charles le Mauvais, profite de la sombre tristesse et des appréhensions du prévôt des marchands pour l'engager à lui ouvrir les portes de Paris. Après quelques hésitations, celui-ci se décide à commettre cette trahison. Dans cet acte, Marcel chante un récit mesuré qui ne manque pas de caractère: *Ce soir on me délivre et peut-être on m'établit*. Le dialogue entre Marcel et Eustache est aussi bien traité; mais la scène de la délivrance du prisonnier n'a pas un sens suffisant. On peut admettre une grande sonorité dans une scène populaire, mais encore faut-il que le jugement de l'oreille ne perde pas ses droits. On se transporte au dernier acte à la bastille Saint-Denis. Jean Maillard veille et s'assure de la fidélité des gardes du poste. Lorsque Étienne Marcel demande les clefs de la ville, elles lui sont refusées. Robert a surpris le secret de Marcel; n'écoutant que sa générosité et son amour pour Béatrix, il lui garantit le pardon du dauphin s'il veut renoncer à ses projets. Béatrix et Marguerite joignent leurs prières aux siennes; cette scène de famille touche au ridicule. Étienne Marcel résiste à tout, se précipite au dehors suivi de quelques partisans et tombe frappé par Jean Maillard. La pièce se termine par l'entrée triomphale du dauphin. Les morceaux à signaler dans cet acte sont: une marche orchestrale assez alambiquée, l'air de ténor chanté par Robert et un quatuor final qui souvent n'est qu'un trio à cause des unissons prolongés. Cet ouvrage a été chanté par MM. Delrat, Stéphanne, Echetto, Plançon; Mmes Reine Mézeray, Legénisel-Monnier, Amélie Luigini.

ÉTOILE (L'), opéra-bouffe en trois actes, livret de MM. Leterrier et Vanloo, musique de M. Emmanuel Chabrier, représenté aux

Bouffes-Parisiens le 18 novembre 1877. C'est une grosse farce désopilante. Il est d'usage dans un pays qu'on ne nomme pas, et pour cause, de célébrer la fête du roi Ouf Ier en offrant au peuple le spectacle d'un empalement. On cherche un coupable; il se présente dans la personne du jeune Lazuli, qui a donné une gifle au roi sans le connaître. Il va subir le supplice, lorsque, heureusement pour lui, l'astrologue Sirocco informe Ouf Ier que son existence est liée à celle de Lazuli et qu'il doit finir ses jours en même temps que lui. Alors le roi ne songe plus qu'à entourer Lazuli de toutes ses prévenances et d'une sollicitude dont on comprend toutes les extravagantes péripéties. La musique a paru exprimer assez heureusement les situations bouffonnes de cette donnée. On a bissé le duetto bouffe du troisième acte, chanté par Daubray, Scipion, Jolly, Mmes Paola Marié, Berthe Stuart, Mlle Luce.

EUFEMIO DA MESSINA, opéra-seria en trois actes, livret de Catelli, musique de Primo Bandini, représenté au théâtre Royal de Parme le 13 février 1878; chanté par Viccatelli, Lalloni, Petit, Mme Guiati-Barbera.

EXPLOSION (L'), opérette en un acte, livret de M. Jouhaud, musique de M. Georges Douay, représenté aux Bouffes-Parisiens en novembre 1877.

F

FALCONIERE (IL), opéra-seria en trois actes, livret de X..., musique de T. Benvenuti, représenté au théâtre Rossini, à Venise, le 16 février 1878; chanté par Devillier, Asteri, Ulba, Mme Conti-Foroni. Cet ouvrage, d'un compositeur estimé en Italie, n'a pas obtenu à la scène un grand succès; toutefois, plusieurs morceaux ont été remarqués et exécutés en dehors de la représentation; ce sont: dans le premier acte, le duetto d'Adelasia et d'Aleramo, *Dacchè ti vidi*, et l'adagio chanté par Adelasia, *Vieni, vio ben*; dans le second, la romance de ténor d'Aleramo, *Sogni del mio passato*; et, dans le troisième acte, l'adagio chanté par Ottone, *Sogni di gloria*, et le monologue d'Adelasia, *Vierò, dolce N'er uno*.

FATINITZA, opéra-comique en trois actes, livret de MM. A. Delacour et Victor Wilder, d'après celui de la *Circassienne*, opéra comique de Scribe et Auber (voyez page 163), sur lequel le compositeur, M. Fr. de Suppé, avait écrit sa partition. Les auteurs français ont donné à une femme le rôle du jeune officier russe de la pièce de Scribe, et ils ont eu raison; en outre, ils ont traité ce sujet dans le genre de l'opérette, qu'il comportait. La musique est intéressante, bien écrite et abonde en détails ingénieux dans l'instrumentation; elle témoigne d'une grande facilité dans l'arrangement des voix. On a applaudi, dans le premier acte, le rondeau du reporter, les couplets de Wladimir et un bon quatuor; dans le second, la chanson moresque, accompagnée par un chœur à bouches fermées; dans le troisième, un duettino et un trio qui a obtenu un franc succès. Chanté par Vois, Paul Ginet, Pradeau, Ed. Georges, Scipion, Mlles Preziosi, J. Nadaud, Périer.

FÉE (LA), opéra-comique en un acte, livret de MM. Octave Feuillet et L. Gallet, musique de M. Hémery, représenté à l'Opéra-Comique le 14 juin 1883. Le proverbe de l'académicien ne pouvait faire un bon sujet de pièce. C'est un thème littéraire ingénieusement traité, mais dont la donnée ne pouvait avoir aucune prise sur les spectateurs et encore moins sur des amateurs de musique dramatique. Comment admettre au théâtre une jeune fille jouant seule, dans son château, un rôle de vieille maniaque pour éprouver l'amour de l'élégant comte de Commiseges, reprenant ensuite ses traits juvéniles pour achever sa conquête? Tout est faux, gauche et guindé dans cette étrange pièce. Si la jeune fée bretonne est osée dans ce rôle fantasque, le comte est d'une crédulité qui touche à la niaiserie. La musique a une couleur vieillotte et affecte des tonalités vagues qui sont loin de satisfaire l'oreille. Lorsqu'on veut traiter en musique le genre légendaire, comme dans l'espèce la ballade des *Chênes douais*, il faut le faire d'une manière idéale et ne pas s'abaisser à des imitations trop crues. Dès que l'inspiration est remplacée par le pastiche, l'intérêt cesse. La *Fée* n'a eu que peu de représentations; elle s'est promptement évanouie ces *fumea in aures*. Chanté par Nicot, Morlet, Barnolt, Mlle Thuillier.

FÉE AUX PERLES (LA), opérette, livret de MM. d'Ennery et Busnai, musique de M. Olivier Métra, représentée aux Bouffes-Parisiens en 1844.

FÉE DES BRUYÈRES (LA), opéra-comique en trois actes, livret de M. J. Adenis, musique de M. Samuel David, représenté au théâtre des Fantaisies-Parisiennes, à Bruxelles, en février 1878; chanté par Géraizer, Ginot, Mlle Marguerite d'Aubray, et, à Paris, au théâtre du Château-d'Eau le 7 juillet 1880, chanté par Chatelli et Leroy, Durat, Saint-Jean, Mlles Nau et Curia. L'idée de cette pièce est simple. Une jeune veuve, tour à tour fée et duchesse, tantôt au milieu de la société de son rang, tantôt parmi des brigands, comme la jeune reine des *Diamants de la couronne*; un paysan poltron, comme Dickson de la *Dame blanche*; une lettre qui amène un dénouement subit et imprévu, ce qui a remplacé, au XIXe siècle, le *deus ex machina* des opéras du XVIIIe, tel est le poème livré au musicien; il en a tiré tout le parti possible, comme on pourrait s'y attendre de la part d'un compositeur expérimenté. On a remarqué l'ouverture, pièce instrumentale importante; le duo de Suzanne et de Saturnin et l'air de baryton: *Madame, à vos genoux*. Cet ouvrage, assez mal accueilli à Bruxelles, a rencontré à Paris plus de sympathie.

FEINDIN DES CARDINALS (DER) (*L'ennemie du cardinal*), traduction allemande de l'opérette de M. Lecocq, la *Petite Mademoiselle* représentée au théâtre de Friedrich-Wilhemstadt, à Berlin, le 20 mars 1880; chanté par Swoboda, Schulz, Mme Stubel, Kopka. Ce genre d'ouvrage obtient dans la haute société berlinoise le même succès qu'à Paris.

FEMME À PAPA (LA), comédie-opérette en trois actes, de MM. Hennequin et Albert Millaud, musique de M. Hervé, représentée au théâtre des Variétés le 3 décembre 1879. La pièce est amusante. Elle appartient plutôt au genre des comédies du Palais-Royal qu'à celui de l'opérette. Le ton en est fort leste, comme on peut le voir dans la *Chanson du Colonel*, qui a obtenu un grand succès puisqu'on la chante dans beaucoup de salons. Je ferai remarquer en passant que notre société offre cet état particulier qu'on entend dans des réunions du grand monde des morceaux de ces opérettes qui ne seraient pas tolérés dans une salle de concert et qu'il est à remarquer que, depuis plus de vingt ans, un seul fragment des ouvrages les plus connus dans ce genre, depuis *Orphée aux enfers*, la *Belle Hélène*, la *Fille de madame Angot* jusqu'à la *Femme à papa*, n'a pas été admis sur un seul programme des innombrables concerts qui se sont donnés dans les salles Érard, Herz et Pleyel. Voici quelques fragments de la *Chanson du colonel* pour laquelle le musicien a composé un air de tambour bien approprié aux paroles :

> Tambour, clairon, musique en tête,
> V'là qu'il arrive le régiment,
> Il va chez l' maire, puis s'mettre en quête
> De ses billets de logement.
> « Je n'ai plus rien, soldats débités,
> A moins d' vous loger par faveur
> Dans un couvent de demoiselles. »
> Dit l' maire qu'était un vieux farceur.
>   « V'à pour le couvent,
>   En avant ! »
> Répond l' colonel en partant.
> Suit de tout le régiment,
>   Le clairon toujours sonnant
>   Et l' tambour toujours battant,
>   Ta ra ta ra ta ta ta !

J'abrège, car c'est fort long.

DEUXIÈME COUPLET

> Pendant que sauf tout entier
> Le régiment n'a pas reparu ;
> Au ministère de la guerre
> On le porte comme perdu.
> On s'essayait à trouver sa trace,
> Quand un matin subitement
> On le vit paraître à la place,
> L' colonel toujours en avant !
> Au pas de gymnastique certainement
> Tous les pensionnaires du couvent
> Marchaient derrière le régiment,
>   Le clairon était flambant,
>   Et le tambour triomphant,
>   Ta ra ta ra ta ta ta !

Et enfin dans le quatrième couplet

> Une centaine d'enfants de troupe
> Servait un jour comme par hasard ;
> Et le beau colonel en croupe
> En portait cinq pour sa neuf part.
> Il obtint de l'avancement
> Pour avoir doublé si promptement
> L'effectif de son régiment, etc.
>   Ta ra ta ra ta ta ta !
>   Et le clairon toujours sonnant
>   Et le tambour toujours battant !

Le compositeur possède le sens comico-musical et parodie toute chose avec une habileté qui lui est naturelle. Il y a des idées, assez courtes il est vrai, dans sa musique, et autant il est inférieur à ses confrères en opérettes dans les morceaux développés, autant il réussit parfaitement dans les petites scènes d'une cinquantaine de mesures. Les autres fragments les plus saillants de cet ouvrage sont : le duetto *Oui, touchez-là, mon cher élève*; les couplets du *Champagne* et du *Souvenez-vous*. Distribution : Anna, baronne de La Boukanière, Mme Judic; Aristide, Florestan, M. Dupuis; Bodin-Bridet, M. Baron.

FEMMES D'ALI-BABA (LES 431), opéra bouffe en deux actes, livret de M. Élie Frébault, musique de M. Adolphe Nibelle, représenté au théâtre des Folies-Marigny en 1872. Cet ouvrage, dont le canevas léger a été agrémenté par le musicien de mélodies faciles auxquelles il a su donner une couleur quelque peu orientale, a obtenu du succès sur plusieurs autres théâtres à Paris et à Bordeaux. Le personnage du chamelier Alkendi a été chanté par Mlle Clémence Leclerc et Mme Ugalde.

FIGLIA DEL DIAVOLO (LA), opéra semi-seria, livret de Landi, musique de N. d'Arienzo, représenté au théâtre Bellini, à Naples, le 16 novembre 1879; chanté par Delliers, Barbieri, Mmes Masiani, Rossi.

FIGLIUOL PRODIGO (IL), melodramma en quatre actes, livret de M. A. Zinardini, musique de M. A. Ponchielli, représenté au théâtre de la Scala, à Milan, le 26 décembre 1880. Cet ouvrage a obtenu un grand succès. Les morceaux qui ont été le plus applaudis sont le finale du premier acte et le prélude du quatrième. Chanté par Tamagno, de Reszké, Salvati, Mmes d'Angeri et Prasini.

FILLE DU TAMBOUR-MAJOR (LA), opéra-comique en trois actes, livret de MM. Chivot et Duru, musique de M. J. Offenbach, représenté aux Folies-Dramatiques le 13 décembre 1879. Le sujet de la pièce diffère peu de celui du charmant opéra-comique la *Fille du régiment*, si on le regarde à travers une lorgnette dont on aurait sali les verres. Des couplets grivois, des cocasseries de tout genre, surtout de mauvais genre, sont encadrés dans un *Cantique à la Madone*, et le chant patriotique et superbe de Méhul, le *Chant du départ*. Tout cela passe à notre époque sans qu'aucune autre protestation que celle-ci s'élève dans la presse. Des soldats français sont introduits dans un couvent par une jeune pensionnaire nommée Stella. Elle est la fille du sergent-major le Lean Monthabor et d'une femme avec laquelle il a divorcé et qui est devenue l'épouse du comte della Volta. Celui-ci veut marier Stella avec le marquis Bambini; mais elle est éprise d'un officier français qu'elle finit par épouser, après beaucoup d'incidents burlesques à la suite desquels cette jeune délurée s'est faite vivandière pour suivre dans les camps son bien-aimé Robert. La musique n'a rien d'original. Ce sont des phrases sautillantes, de fort courte haleine et d'un caractère enfantin. On a distingué dans l'ouverture une jolie valse, les couplets du *Fruit défendu*, la chanson de l'Ane, les couplets du *Tailleur*, une sorte de séguidille et une gigue. Chanté par Luco, Lepers, Simon-Max, Naugé, Bertell, Heuriot; Mmes Simon-Girard, Girard, Vernon, Lisbelle, Réval.

FIOR DI ROSA, opéra-bouffe italien, livret arrangé sur celui de *Fleur de thé*, musique de Galleani, représenté au théâtre de Barcelone en février 1877.

FOIRE SAINT-LAURENT (LA), opéra-bouffe en trois actes, livret de MM. H. Crémieux et Saint-Albin, musique de M. Jacques Offenbach, représenté aux Folies-Dramatiques le 10 février 1877. Le héros de cette trop longue farce est Bobêche, dont l'ex-danseuse Mabga est la maîtresse, tout en étant la femme légitime du prince Ramollini, berné et trompé. Les amours de Nicolas, fils de Curtius, l'homme aux figures de cire, et de Carlinette; une scène de fantasmagorie, une parade, une valse des chats, une parodie du duo des *Huguenots* forment une série d'enfantillages capables peut-être de distraire des désœuvrés, mais auxquels les gens de goût ne prennent aucun plaisir. Le public des Folies-Dramatiques a applaudi, au premier acte, le trio militaire, la ronde de la foire Saint-Laurent; au second, le rondeau de Carlinette; au troisième, la ronde de « Lucrèce et Tarquin. » Chanté par Max-Simon, Milher, Luco, Haymé, Vavasseur, Mlles Vanghel, Juliette Girard, Mmes Geoffroy.

FRANCESCA DA RIMINI, opéra-seria, musique de V. Moscuzza, représenté à Malte en mai 1877.

FRANCESCA DA RIMINI, opéra-seria en quatre actes, livret de Ghislanzoni, musique de A. Cagnoni, représenté au théâtre Royal de Turin le 19 février 1878; chanté par Abrugnedo, Carnili, Polonini, Mmes Missorta, Azzalini. Cet ouvrage a été bien accueilli.

FRANÇOISE DE RIMINI, opéra allemand en cinq actes, livret et musique de Hermann Götz, représenté à Manheim le 30 septembre 1877. Le compositeur était mort, laissant son œuvre inachevée. Elle a été revue et complétée par Johannes Brahms et Franck.

FREMDEN (DIE) [les Étrangers], opéra-comique allemand en trois actes, livret de Wilhelm Hozar, musique de Johannes Starke, représenté à Mannheim le 1er mai 1877.

G

GABRIELLA CANDIANO, opéra-seria, livret de Golisciani, musique de A. Moroder, représenté au théâtre dal Verme, à Milan, le 15 mai 1878; chanté par Devillier, Bertolasi, Mme Contarini.

GABRIELLA DI BELLE-ISLE, opéra semi-seria, livret de d'Ormeville, musique de Paolo Maggi, représenté à Milan, au théâtre Carcano, le 3 mars 1880; chanté par De Luca, Ulman de Veigt et Mme Human.

GABRIELLE D'ESTRÉES, opéra-comique allemand en deux actes, musique de M. Georg Lordan, représenté au Théâtre-Lyrique de Luisenstadt le 18 août 1880, avec un succès médiocre.

GALILEO GALILEI, opéra en cinq actes, livret de E. Pasqué, musique de O. Dahlwitz, représenté à Cobourg en janvier 1877.

GEHEIMNISS (DAS) [le Secret], opéra-comique en trois actes, musique de Smetana, représenté à Prague le 18 septembre 1878 et bien accueilli. Ce compositeur est atteint de surdité depuis plusieurs années et n'a pas interrompu ses travaux.

GEORGES DANDIN, opéra-comique en deux actes, musique de M. Émile Matthieu; représenté au théâtre de la Monnaie, à Bruxelles, en décembre 1877. La pièce a été taillée dans celle de Molière par M. Coveliers. L'ouvrage n'a pas réussi.

GILLES DE BRETAGNE, opéra en quatre actes et cinq tableaux, livret de Mme Amélie Perronnet, musique de M. Henri Kowalski, représenté à l'Opéra-National-Lyrique le 24 décembre 1877. C'est un mélodrame sombre, dont le dénouement n'est que fatal. Le duc François a fiancé sa pupille, la comtesse de Dinan, au seigneur de Montauban; mais la jeune comtesse a donné son cœur à Gilles de Bretagne, frère du duc, qui, de retour d'une ambassade en Angleterre, demande sa main. Le duc refuse. La comtesse imagine alors de se compromettre: elle donne un narcotique à son amant et le montre à toute la cour endormi chez elle. Le mariage est donc inévitable. Le seigneur de Montauban fait accuser son rival de trahison et de sorcellerie. On instruit le procès, et Gilles de Bretagne va être exécuté. La comtesse implore la clémence du duc François en faveur de son époux. Il n'est rendu à la liberté que pour tomber frappé à mort par Montauban. Le duc reconnaît trop tard qu'il a été trompé par ce traître et le fait arrêter.

Quoique ce livret pèche sur plus d'un point, et surtout sous le rapport littéraire, il offre des situations poétiques et dramatiques. Les rôles secondaires sont intéressants. Il y a un seigneur de Richemont, oncle de Gilles, qui est sympathique; une suivante, Agnèle, gracieuse; un archer, Gildas, jeune et amoureux. Des airs nationaux bretons donnent une couleur locale suffisante.

La partition de *Gilles de Bretagne* est un ouvrage sérieux, consciencieusement travaillé et renferme beaucoup de mélodies agréables et plusieurs morceaux remarquables. On pourrait reprocher à l'auteur d'avoir donné la forme de la romance à de nombreux passages et d'avoir abusé de points d'orgue trop connus. Je signalerai, dans le premier acte: le joli allegretto *C'est toi Agnèle*; le duo de Gildas et de Richemont, dans le style de l'opéra-comique; l'andante religioso; dans le second acte: le duo de la comtesse et de Gilles, *A vos pieds pour ma fille aadate*, dont l'andante est poétique, mais que des modulations discordantes déparent lorsque la comtesse propose à son amant le breuvage préparé pour elle-même; le finale *allegro vivo*, l'insulte et la menace, très dramatique et bien conduit; dans le troisième acte: un chœur charmant, *Jour d'hymen, jour d'allégresse*, sur un motif d'orchestre *alla polacca*; un autre chœur dansé; de jolis airs de ballet; dans le quatrième acte enfin, le fabliau en duo *Comme un passereau fidèle* et le trio *N'e sois pas en peine*, plus vocal que scénique. Les airs bretons, dont l'authenticité n'est rien moins que certaine, n'ont pas été heureusement harmonisés par M. Kowalski. Il est tombé dans l'erreur commise par plusieurs compositeurs à cet égard : pour donner une forme archaïque à la mélodie et même à l'accompagnement, il a supprimé certains demi-tons et imaginé des agencements de sons baroques. Pour que ces sortes d'effets soient acceptables pour l'oreille, il faut qu'ils appartiennent aux modes qui leur sont propres, tels que le dorien et l'hypodorien. La note sensible, qu'on appelait d'un autre nom au moyen âge, était pratiquée plus fréquemment qu'on ne le croit. En somme, l'opéra de *Gilles de Bretagne* ne peut manquer de plaire aux amateurs de la mélodie sans parti pris. Le tissu musical en est serré et les phrases du chant sont trop touffues, trop continues. L'attention de l'auditeur a besoin de se diviser entre l'orchestre et les voix ; les chanteurs eux-mêmes doivent laisser reposer leur organe pendant quelques mesures assez fréquemment, surtout pendant un ouvrage d'une aussi longue durée.

Distribution : Gilles de Bretagne, M. Valdéjo ; Montauban, M. Lauwers ; le duc François, M. Garnier ; Gildas, M. Caisso ; Richemont, M. Gresse ; la comtesse, Mme Boidin-Puisais et ensuite Mlle Thérèse Panchioni ; Agnèle, Mlle Rebel ; un héraut, M. Labarre.

GINEVRA DI MONREALE, opéra-seria, livret de Golisciani, musique de C. Parravano, représenté au théâtre dal Verme, à Milan, le 14 novembre 1878 ; chanté par Devilliers, Bertolasi, Tamburlini, Mmes Contarini, Beronat.

GINEVRA DI SCOZIA, opéra-seria, musique de F. Lombardi, représenté au théâtre du Prince-Humbert, à Florence, le 8 septembre 1877 ; chanté par Manfrini, Acconci, Mme Rubini-Guerra.

GINO CORSINI, opéra-seria, musique de M. Morales, représenté à Mexico le 21 juillet 1877 ; chanté par Frapolli et Mme Peralta.

GIOCONDA (LA), opéra en quatre actes, livret de M. Tobia Gorrio (Arrigo Boito), musique de M. Amilcare Ponchielli, représenté pour la première fois au théâtre de la Scala, à Milan, le 8 avril 1876. J'ai signalé déjà l'apparition de cet ouvrage (voyez page 872), mais il a subi des transformations si nombreuses, qu'il convient d'en exposer le sujet et d'en décrire la partition d'après la forme qui paraît définitive. L'opéra de la *Gioconda* est, depuis l'*Aïda* de M. Verdi, l'œuvre dramatique la plus saillante qu'ait produite l'école moderne italienne. Ce n'est pas que la pièce offre quelque originalité, quelqu'une de ces créations qui restent à l'état de type dans l'imagination du spectateur, ni qui réponde aux sentiments naturels les plus forts et les plus vrais ; non, tout y est exagéré, enflé, gonflé, boursouflé, excessif, hyperbolique ; en un mot, c'est un amalgame des procédés dramatiques de Schiller, de Byron, de M. Victor Hugo et de M. Somma. *Lucrezia Borgia*, *Angelo*, *Ernani*, le *Ballo in maschera* semblent avoir fourni à l'auteur du livret les situations les plus fortes de son drame.

La Gioconda est une cantatrice qui s'est éprise d'un proscrit caché, à Venise, parmi les mariniers de l'Adriatique, Enzo Grimaldo, prince génois. Celui-ci aime, de son côté, Laura Adorno, sa compatriote, femme d'Alvise Badoero, l'un des chefs de l'Inquisition de l'État vénitien, et il en est aimé. Le traître du drame est Barnaba, personnage odieux, espion à la solde des inquisiteurs. La Gioconda a une mère aveugle, et la *cieca* joue dans la pièce un rôle sympathique et touchant. Dans le premier acte, la scène représente une cour du palais ducal ; au fond, l'escalier des Géants et, sur le côté, la *Bocca dei leoni*, où l'on jetait les dénonciations anonymes contre les ennemis de la république et contre les citoyens qu'on voulait signaler à la vindicte du conseil des Dix. C'est un jour de fête populaire. Les mariniers donnent le spectacle des régates. La Gioconda guide la *cieca*, et, pendant qu'elle prodigue ses soins à sa mère, Barnaba lui déclare son amour, qu'elle repousse. Cet homme se venge de son mépris en ameutant le peuple contre la pauvre vieille, qu'il accuse de sorcellerie. Enzo prend sa défense. Le magistrat Alvise arrive avec sa femme Laura, qui est masquée. Il fait arrêter la *cieca* et va la livrer au tribunal ; Laura intercède en sa faveur et obtient sa liberté. Enzo et Laura échangent des signes d'intelligence amoureuse, que surprend Barnaba. Celui-ci dicte à l'écrivain Isepo une dénonciation à l'adresse d'Alvise et la jette dans la « gueule des lions. » Gioconda a entendu cet entretien et apprend ainsi que Laura, à qui elle doit la vie de sa mère, est sa rivale. Barnaba, resté seul avec Enzo, lui dit qu'il connaît son véritable nom et sa passion pour l'épouse d'Alvise ; qu'il ne le trahira pas ; qu'il servira même ses amours en lui ménageant une occasion d'enlever

Laura, mais à la condition qu'il cessera de protéger Gioconda. Le second acte se passe sur la rive d'une petite île voisine et aussi à bord d'un brigantin. Il fait nuit. Barnabà amène Laura au rendez-vous. Enzo et son amante se préparent à s'enfuir à Gênes. Pendant que Laura est restée seule sur le pont du navire, Gioconda paraît; dans un accès de jalousie, elle veut poignarder sa rivale, lorsqu'elle la voit, dans son effroi, prendre un rosaire pour prier. Gioconda reconnaît ce rosaire, que sa mère, dans sa reconnaissance pour sa libératrice, lui a donné. Cette vue change tout à coup ses sentiments, ou plutôt sa résolution. Elle ne veut plus que sauver sa rivale de la fureur de son époux, qui, averti par Barnabà, se dirige, dans une barque, vers le brigantin d'Enzo. Elle force Laura à prendre son voile et à descendre dans la barque qui l'a amenée et où se trouvent des mariniers qui lui sont dévoués, et elle s'écrie : *È salca! O madre mia, quanto mi costi!* Ce mouvement dramatique est d'une grande beauté. Enzo revient, trouve sur le pont Gioconda, au lieu de sa maîtresse; il apprend d'elle la trahison de Barnabà et que le mari outragé est à sa poursuite. Un coup de canon retentit. Les matelots accourent avec des torches. Enzo en saisit une et met le feu à son bâtiment. La toile tombe sur cette scène, où règne la plus grande confusion. Le troisième acte a lieu dans le palais d'Alvise. Celui-ci accuse Laura de son infidélité et lui annonce les apprêts de sa mort; son cercueil est préparé; le poison va mettre fin à ses jours; il ne lui accorde que quelques instants pour accomplir ce suicide et la laisse seule à son désespoir. Mais Gioconda veille sur sa rivale, qui a été la bienfaitrice de sa mère. Elle accourt, prend la fiole qui contient le poison et propose à Laura un narcotique: nouvelle Juliette, elle s'endormira dans son cercueil; des amis de Gioconda l'enlèveront et la transporteront en lieu sûr. Alvise donne une fête, dans laquelle on exécute même un ballet, la *Danza delle Ore*, pendant que le drame de la mort s'achève, à ce qu'il croit, dans la chambre funèbre. Barnabà fait connaître à Enzo le sort présumé de son amante. Le prince se découvre à Alvise et le brave en présence de tous. La *cieca* accuse Barnabà d'avoir ourdi cette trahison. Barnabà jure de se venger d'elle, et, en effet, profitant du tumulte de cette scène, il la fait disparaître par une porte secrète. Enzo, en se découvrant, s'est voué à une perte certaine. Sa douleur et sa fureur sont égales. Barnabà, voyant, de son côté, Gioconda trembler pour les jours de celui qu'elle adore toujours, renouvelle auprès d'elle ses obsessions. Elle lui promet enfin d'être à lui s'il sauve Enzo. Cette scène peut être fort dramatique, mais elle blesse les convenances et est d'une invraisemblance choquante. Pour comprendre le dénoûment de cet opéra, dont la mise en scène est très compliquée, il faut savoir que, au quatrième acte, la scène représente le canal Orfano et le vestibule de l'habitation de Gioconda, située dans l'île della Giudecca. Dans un angle de cette pièce est un lit, dissimulé derrière un paravent; un couloir règne sur un des côtés de la scène; on voit dans le fond la lagune et la place de Saint-Marc. Les amis de Gioconda lui rendent compte de leur mission. Laura est apportée par eux avec tout le mystère que réclamait une semblable opération. Gioconda les remercie et les envoie à la recherche de la *cieca*, disparue. Demeurée seule, elle se livre aux pensées les plus diverses. Sa rivale est là, en son pouvoir. S'immolera-t-elle jusqu'au bout à cet amour de deux êtres dont elle chérit l'un, dont l'autre est la cause de ses maux? Le poison est sur la table, un poignard aussi; la lagune est profonde; il n'y a aucun témoin; elle peut se défaire de sa rivale. Elle repousse cette pensée avec horreur. Elle se résignera à être témoin d'une félicité qui aura été son ouvrage. En effet, Enzo, qui a été délivré de ses fers, accourt chez Gioconda. Laura se réveille de sa léthargie. Tous deux se jettent aux pieds de Gioconda, à qui ils doivent d'avoir échappé à tant de périls. Ils s'embarquent et vont cacher leur union sous d'autres cieux. Mais Gioconda se souvient de l'engagement qu'elle a pris envers Barnabà. Elle veut fuir :

Vergine santa, allontana il demonio
Ebben, perchè sia cosi affranta e tarda;
La fuga è il mio riscatto!

Mais Barnabà se présente et vient rappeler à Gioconda qu'elle lui a promis d'être à lui. Elle ne peut lui échapper qu'en se donnant la mort, ce qu'elle fait en lui disant :

Volesti il mio corpo, demon maladetto!
E il corpo ti do!

Barnabà se précipite, furieux, sur son cadavre. Il lui crie aux oreilles qu'il a noyé sa mère, se plaint de ce qu'elle ne l'entend plus et disparaît de la scène en poussant un cri de rage.

Tel est ce sombre drame, qui a obtenu, grâce à la musique de M. Ponchielli, un succès incontestable en Italie, en attendant qu'il vienne s'installer dans un pays où l'on n'est plus difficile. Je doute cependant que le public de l'Opéra français approuve une donnée aussi immorale; car c'est le triomphe de l'adultère; l'héroïne est victime de son amour filial; sa mère, innocente, est sacrifiée; le crime reste impuni. Il faut espérer que les auteurs comprendront qu'il est nécessaire de changer le dénouement. La musique de M. Ponchielli a plus contribué que le poème au succès de cet ouvrage; elle a du caractère et de la variété; l'harmonie, tout en étant un peu surchargée de dissonances et de complications, comme le comporte la manière d'écrire aujourd'hui, n'en est pas moins claire et conforme aux principes, souvent méconnus actuellement, de la langue des sons. Le prélude est formé de deux phrases tirées l'une du rôle de Barnabà, l'autre de celui de la *cieca*; elles sont caractéristiques, et le musicien les a répétées, ainsi que quelques autres, dans le cours de sa partition. La phrase satanique de Barnabà, *Sour' essa stendere la man*, dans le trio du premier acte; la cantilène gracieuse *Tu canti agl' uomini*, dans le même morceau; le chant fatidique de la *cieca*, *A te questo rosario*, donnent, il est vrai, l'impression concise et forte du drame. Cette idée est une des plus raisonnables que M. Wagner ait émises dans sa théorie. Ce procédé n'est pas nouveau, car la plupart des compositeurs l'ont employé; seulement, la répétition du motif était subordonnée à l'action elle-même; on l'entendait de nouveau seulement lorsqu'il était ramené par une raison dramatique: telle la phrase du cor d'*Oberon*, telle la romance de la rose dans *Martha*, tel le choral de Luther dans les *Huguenots*; tandis que, dans la théorie nouvelle, la phrase répétée caractérise le personnage, de sorte qu'elle l'annonce et exprime la pensée de son rôle. En apparence, cela paraît assez logique; mais c'est encore plus commode pour le compositeur, qui se dispense ainsi de trouver des motifs nouveaux et de varier l'expression, tout en conservant à chacun de ses personnages son caractère. Ce procédé est, du reste, conforme à l'objectif de la nouvelle esthétique, puisqu'il remplace l'idée par la sensation. Après le chœur d'introduction, vif et gai, le premier morceau frappe tout de suite l'attention par sa mélodie charmante et l'heureux arrangement des voix; c'est un *terzettino* traité dans la forme rossinienne (je donne à cette expression le sens relevé que comporte une allusion à *Sémiramide*), *Figlia che reggi il tremulo piè*, et qui, n'en déplaise aux détracteurs du goût italien, sera chanté dans les concerts et obtiendra du succès en France aussitôt que la *Gioconda* y aura

été représentée. Une *romanza* touchante de la *cieca*, *Voce di donna o d'angelo*; le duo d'Enzo et de Barnabà, dans lequel on distingue la belle phrase *O grido di quest' animal* et une jolie *furlana* donnent au premier acte un intérêt qui se soutient sans défaillir un seul instant.

Dans le premier finale, M. Ponchielli a opéré un mélange habile de chœurs religieux et d'accents passionnés. Sur un fond calme et doux se détachent des phrases dramatiques presque violentes. Il a peut-être abusé de ces sortes de contrastes. Le deuxième acte s'ouvre par une *marinesca* originale; la romance d'Enzo, *L'angiol mio*, est un peu alambiquée; le duo de Laura et d'Enzo offre une fort belle phrase, mais elle ne tarde pas à se perdre dans de fausses relations. Dans le troisième acte, on remarque encore un contraste saisissant entre les danses insouciantes du dehors et l'orage terrible qui gronde dans la maison d'Alvise. L'entrevue de Gioconda et de Laura est des plus dramatiques; les phrases s'y succèdent avec une intensité d'expression remarquable. Le musicien a déployé dans cette scène un talent du premier ordre. L'entrée des cavaliers se fait sur un motif élégant et distingué. Quant au ballet, à la « danse des Heures », il m'a semblé que c'est plutôt un tableau pour les yeux et que les oreilles se reposent. Le finale est dramatique, bien conduit et mérite tous les éloges. Le dernier acte est fort court. Le combat intérieur qui se livre dans l'âme de Gioconda est exprimé par le musicien avec une intelligence supérieure. Il y a quelque chose de neuf dans ce chant désespéré : *L'ultima voce del mio destino*. Il serait difficile de trouver des accents plus douloureux.

Quoique cet opéra doive, à mon avis, occuper une place distinguée dans le grand répertoire, cependant tout ne porte pas au même degré; il y a bien des suites d'accords qui n'ont d'autre but que de donner des commotions acoustiques et des soubresants à l'oreille. C'est là un élément dramatique d'une nature secondaire, fort à la mode, je n'en disconviens pas, mais qui accuse plus de savoir-faire que d'inspiration. Je crois qu'il ne faut pas laisser s'introduire trop de mélodrame dans l'opéra. Dans la *Gioconda*, l'orchestre et les voix sont traités avec *maestria* et un sentiment de l'art dramatique très élevé. Les mélodies abondent; elles sont tour à tour tendres, passionnées et d'un caractère toujours approprié à chaque situation. Le mouvement et la vie circulent dans cette œuvre puissante.

L'agitation de la vie publique à Venise, l'expansion amoureuse, la mélancolie et la grâce, la pitié et la terreur, les contrastes dramatiques, tout cela est exprimé dans la vraie langue musicale. C'est un opéra dont l'influence réagira contre les prétentieuses et stériles doctrines du wagnérisme.

La *Gioconda* a obtenu au théâtre Carlo-Felice, à Gênes, au théâtre Pagliano de Florence le même succès qu'à la Scala.

Distribution : La Gioconda, Mariani-Masi Maddalena; Laura Adorno, Biancolini-Rodriguez; Alvise Badoero, Maini Ormondo; la cieca, Barlani-Dini Eufemia; Enzo Grimaldo, Gayarre Giuliano; Barnabà, Aldighieri Gottardo.

GIOVANETTO (IL), opérette italienne, musique de G. Bajola, représentée au théâtre Nuovo de Naples en juillet 1877; chantée par des dilettantes.

GIROUETTE (LA), opéra-comique en trois actes, livret de MM. Paul Bocage et Hémery, musique de M. A. Coedès, représenté au théâtre des Fantaisies-Parisiennes le 3 mars 1880. Cette opérette est une farce désopilante d'un bout à l'autre. La girouette est le seigneur Pépin, qui a fiancé sa fille à un Eustache de Tolède. Or, il se présente deux Eustache, et la jeune fille, qui s'appelle Frédérique, aime un autre faux Eustache, qu'elle finit par épouser. Pépin va d'un gendre à l'autre, ne sachant à quel vent obéir. Cet imbroglio est impossible à analyser. La musique est fort agréable, spirituellement agencée sur les paroles. Je signalerai, dans le premier acte, le chœur *alla hongroise* : *De la certa nous répondons*; le duo : *O quel bonheur!* et le finale; dans le second, les couplets de Pélagie : *Vous triomphez, ô Colardol* le trio : *Je suis perplexe*; dans le dernier acte, la jolie phrase : *C'en est fait, je suis prisonnier*, et le chœur : *Amis, selon l'usage*. Dans cette musique, l'expression est vive et juste. Les procédés de composition n'ont rien de prétentieux ni de bien nouveau. Le sujet ne comportait pas un grand effort. L'auteur abuse, dans ses accompagnements, de la quinte augmentée. Chanté par MM. Denizot, Jannin, Villars, Bellot, Mmes Thève, Devaure, Tassily, Taussensberger.

GÖTTERDÄMMERUNG (DIE) [*le Crépuscule des dieux*], opéra de M. Richard Wagner, représenté pour la première fois à l'Opéra de Vienne en février 1879. Le rôle principal a été chanté par Mme Materna, dont le genre de talent convient à la mélopée adoptée par le compositeur. (Voyez RHEINGOLD, page 871.)

GRÄFIN DUBARRY (*la Comtesse Dubarry*), opérette en trois actes, livret de Zell et Genée, musique de Carl Millöcker, représentée au Carltheater, à Vienne, en novembre 1879.

GRAND CASIMIR (LE), opérette en trois actes, livret de MM. Jules Prével et Albert de Saint-Albin, musique de M. Ch. Lecocq, représentée au théâtre des Variétés le 11 janvier 1879. Cette pièce est amusante et très animée. Le beau Casimir, amoureux d'Angélina, écuyère et directrice du *Cirque de l'avenir*, a perdu pour elle sa fortune et sa place de sous-préfet. Il l'épouse et se fait dompteur d'animaux féroces. Angélina, tout en aimant Casimir, se laisse conter fleurette par un grand-duc, par son régisseur et même par un jongleur. Casimir, poursuivi par ses créanciers, se fait passer pour mort et se rend en Corse. Là, il compromet une jeune fille du pays et se trouve avoir affaire à la vendetta hyperbolique de 319 Galetti, parents de Ninetta Galetti; il est obligé de l'épouser. Les hasards de sa carrière équestre amènent Angélina à Bastia, suivie de ses trois adorateurs. Elle retrouve son Casimir marié. Après des incidents multipliés, le mariage forcé est rompu; l'écuyère et le grand Casimir se rapatrient dans la même ménagerie.

La musique de cette pièce est accorte, gaie et très bien écrite pour les voix et l'orchestre. Dans le premier acte, on a remarqué le duo d'Angélina et de Casimir : *Soit, auparavant que je meure*; dans le second, le chœur des demoiselles corses; la polka du cheval, très caractérisée; les rondeaux d'Angélina : *Il le savait bien, le perfide*, et *Deux pigeons s'aimaient d'amour tendre*. Les principaux interprètes de cette opérette ont été MM. Dupuis, Léonce, Baron, Mmes Céline Chaumont, Baumaine.

GRAND MOGOL (LE), opérette en trois actes, livret de M. Chivot, musique de M. Edmond Audran, représenté au théâtre du Gymnase de Marseille le 24 février 1877.

GRISELDA, opéra-seria, livret de Piave, musique de Federico Ricci, représenté au théâtre de la Fenice, à Venise, pendant le carnaval de 1847; chanté par Badiali, Ferretti, Crivelli et Mme Hayes.

**GRISELDA O LA MARCHESANA DI SA-

LUZZO, opéra semi-seria, livret de Golisciani, musique de O. Scarano, représenté au théâtre Nuovo, à Naples, le 6 janvier 1878; chanté par Montanaro, Morelli, Fajella et Mmes Giorgio, Treves.

GRISELDA, opéra-seria, livret de Golisciani, musique de G. Cottrau, représenté au théâtre Alfieri de Turin le 25 septembre 1878; chanté par Stocci, Masi, Mancini, Mmes Rizzi, Gioberge.

GROTTA DI TROFONIO (LA), opéra-buffa, musique de G. Ercolani, représenté au théâtre Mariani à Ravenne au mois de septembre 1880.

GULNARA, opéra-seria, musique de A. Scarneri, représenté au théâtre Carlo-Felice de Gênes le 18 février 1877; chanté par Capelli, Delilliers, Maini, Mme Capozzi. Cet ouvrage n'a pas réussi.

H

HEINRICH DER LÖWE (Henri le Lion), opéra allemand en quatre actes, livret et musique d'Edmond Kretschmer, représenté au Stadttheater de Leipzig le 8 décembre 1877. Mélopée conforme à la théorie de M. Wagner.

HÉROS ANONYMES (LES), opéra-comique hongrois, musique de Erkel, représenté à Pesth en décembre 1880.

HYMNIS, opéra-comique en un acte, livret de M. Théodore de Banville, musique de M. Cressonnois, représenté au Nouveau-Théâtre-Lyrique le 11 novembre 1879. C'est encore l'éternelle histoire de l'amour mouillé et presque toujours rossé au théâtre. Hymnis est une jolie esclave amoureuse d'Anacréon, le chantre de l'amour qui méritait le moins d'être aimé. Il est insensible aux charmes de la jeune fille et il la donne à son ami Simonide. Mais, au moment de s'en séparer, un orage éclate; un enfant frappe à la porte du poète. On sait le reste. Eros entre et blesse au cœur son hôte. Hymnis demeure. La musique de M. Cressonnois a paru agréable et expressive. On a remarqué la prière d'Hymnis, une invocation à Jupiter et un duo. Chanté par Montaubry fils, Mlles Lina Bell et Parent.

I

INÈS, opéra-seria, musique de Pannain, représenté au théâtre Nuovo de Naples le 15 décembre 1880.

INNOMINATO (L'), opéra-seria, livret de Cestari, musique de L. Taccheo, représenté au théâtre Garibaldi, à Chioggia, le 23 octobre 1880; chanté par Belardi, Borini, Mmes Brini et Nordio.

ISABELLA SPINOLA, opéra-seria en quatre actes, livret de Jachino, musique de Abbà-Cornaglia, représenté au théâtre Carcano de Milan le 10 mai 1877; chanté par Runcio, Cappelli, Mancini, Mme Pogliaghi.

IWEIN, opéra allemand, musique d'Auguste Klughardt, représenté à Neu-Strelitz le 18 mars 1879. Le sujet a été tiré d'une légende du XIIIe siècle, époque où florissait Hartmann von der Aue.

J

JAPONAISE (LA), opéra bouffe en trois actes, livret de MM. Grangé et Victor Bernard, musique de M. Émile Jonas, représenté au théâtre An der Wien, à Vienne, en janvier 1874. Ce compositeur a écrit aussi la musique de pièces qui ne rentrent pas dans le plan de ce *Dictionnaire des opéras*, notamment celle la *Chatte blanche*, pour la reprise de cette féerie célèbre qui eut lieu en 1869, à la Gaîté.

JEAN DE NIVELLE, opéra-comique en trois actes, livret de MM. Edmond Gondinet et Philippe Gille, musique de M. Léo Delibes, représenté au théâtre de l'Opéra-Comique le 8 mars 1880. Tout en voulant faire une œuvre sérieuse et artistique, les auteurs ont eu une idée singulière en choisissant le titre de la légende populaire et assez triviale de *Jean de Nivelle* « dont le chien s'enfuit quand on l'appelle », car le public ignore généralement que ce chien était Jean lui-même.

Un héros qui débute par trahir son maître n'a jamais passé pour intéressant; entre tous les épisodes de l'histoire de France, la ligue du bien public est le plus dénué d'intérêt et n'offre aucun incident romanesque, brillant ni généreux; en outre, il n'y a pas de dénouement. Comment penser que l'histoire d'un homme traître à son pays, à son père, à son roi, pourrait exciter la sympathie d'un public français, toujours chevaleresque dans les choses du théâtre? Jean, fils du duc de Montmorency, abandonna le drapeau de son père et s'enrôla avec les princes révoltés contre Louis XI sous la bannière du comte de Charolais, Charles le Téméraire, dont il devint et resta le chambellan. Ce triste personnage prit part à la bataille de Montlhéry, ce qui aurait pu procurer aux spectateurs de l'Opéra-Comique l'occasion de voir un fils assassiner son père.

L'ouvrage n'a pas d'ouverture; il débute par un prélude dans lequel se trouve reproduite une des plus agréables phrases de l'opéra, celle du chœur des soldats qui ouvre le troisième acte. On remarque aussi dans cette pièce instrumentale des imitations affectées du plain-chant avec suppression de la note sensible qui, mêlées à des morceaux de la facture la plus moderne, sont loin de produire un bon effet. Lorsqu'on veut donner trop de couleur locale à un sujet historique, on échoue presque toujours. Il en résulte une sorte de réalisme apocryphe et contestable; mieux vaut toujours idéaliser le sujet. Les grands maîtres dramatiques, Gluck, Meyerbeer, ont su donner une idée suffisante l'un du moyen âge dans *Robert*, de l'époque des Valois dans *Huguenots*, l'autre de l'antiquité fabuleuse et grecque dans *Orphée* et dans les deux *Iphigénie* sans recourir à des pastiches. Il est vrai qu'il faut ne se fier qu'à son génie et s'imposer le devoir d'inventer. C'est une tout autre esthétique que celle qui semble prévaloir dans l'école dramatique contemporaine.

Le premier acte commence. Non seulement Jean s'enfuit à l'appel de son père, mais il s'enfuit même devant des bergères et des vigneronnes qui veulent le couronner roi des vendanges.

En effet, au lever du rideau, on voit un berger qui s'éloigne dédaigneusement; c'est Jean lui-même qu'appellent les vendangeuses:

> La plaine est tout ensoleillée,
> Jean!
> Viens avec nous sous la feuillée,
> Jean!
> Viens donc; c'est l'heure du repos,
> Sous les bois sont les doux propos.
> L'amour y chante son poème,
> Jean!
> Doit-on jamais fuir qui nous aime?
> Jean!

Ces ménades bourguignonnes en sont pour leurs avances, un peu hardies, il me semble. Ce chœur de femmes est agréablement rhythmé. Simonne entre en scène. C'est la tante d'Arlette, jeune fille qui va être l'objet des amours de Jean de Nivelle et jouer le rôle le plus important de la pièce. Cette Simonne a un fils nommé Thibaut qui a été mis en prison pour avoir volé un collier afin d'en faire don à sa cousine Arlette. Afin de délivrer son fils, elle veut se procurer de l'or en vendant des secrets, des philtres pour se faire aimer. Telle est l'intéressante famille au sein de laquelle les auditeurs de cet opéra vont passer leur soirée. Les vendangeuses sans vergogne s'empressent d'offrir à cette sorcière non pas seulement des fruits et des fleurs; mais, qui le croirait, de l'argent, des croix, des colliers, des bijoux! afin de se faire toutes aimer du beau berger. La légende de la mandragore est donc chantée par Simonne. Les propriétés que les anciens attribuaient à cette plante, depuis le savant grec Dioscoride jusqu'au célèbre médecin vénitien Mattheolus, ne sauraient être définies dans une œuvre lyrique; mais ce n'était pas une raison pour imaginer un conte aussi puéril que celui de cette mandragore placée sur un petit autel, entourée de quatre cierges,

Choisis parmi les cires vierges.

La musique de cette légende rappelle la phrase *Que la cague échaute*, dans l'opéra de *Zampa*, c'est une mélodie assez plate, dans la forme d'un cantique vulgaire, que de fausses relations rendent intolérable à l'oreille. Une jeune fille de la cour du duc, nommée Diane, fille du baron de Beautreillis, personnage ridicule, aime passionnément le beau berger Jean. Arlette et elle se rencontrent, et, sans aucune préparation, les voilà liées de la plus vive amitié, à tel point que la petite paysanne est emmenée par Diane à la cour du duc Philippe et transformée subitement en une princesse dont l'influence balance celle des plus grands seigneurs.

Il faut abréger cette analyse du livret; le baron de Beautreillis a la présomption de faire épouser sa fille au comte de Charolais. Un autre seigneur, Saladin d'Anglure, jaloux du crédit d'Arlette, imagine pour la perdre de faire croire qu'il est aimé d'elle. Jean le provoque en duel et le tue. Le comte de Charolais met à prix la tête du meurtrier. Le beau berger alors se fait connaître sous son véritable nom, Jean, duc de Montmorency, s'enrôle dans la ligue du Bien public et, dans son désespoir d'avoir été trompé par Arlette, demande une compagnie pour marcher à sa tête.

Le troisième acte est héroï-comique. On est au lendemain de la bataille de Montlhéry, dont les résultats ont été incertains. Il y a là une scène de poltronnerie générale fort peu digne de grands seigneurs tels que le sire de Malitorne et le baron de Beautreillis; c'est de l'opérette à la manière des livrets de M. Offenbach. Arlette est redevenue une paysanne. Jean de Nivelle chante on ne sait trop pourquoi des strophes patriotiques en l'honneur de la bannière de France, sous laquelle il ne se range pas pour cela, et les auteurs de la pièce laissent présumer aux spectateurs qu'il

préfère aux aventures de la vie publique et aux devoirs de son rang une chaumière dans les bois avec le cœur d'Arlette.

Revenons au premier acte de la partition. Après une assez jolie mélodie chantée par Arlette : *On croit à tout lorsque l'on aime*, le duo entre Arlette et Simonne a des accents dramatiques. La déclamation est énergique et bien prosodiée, ainsi que dans le trio suivant. Mais la pensée mélodique est rare et peu distinguée; chaque phrase se termine par un point d'orgue inévitablement placé pour faire valoir l'exécution par les voix. L'harmonie abonde en dissonances d'une dureté extrême et en modulations mal enchaînées. L'espèce de nocturne introduit dans le duo en affaiblit le caractère. On comprend peu que la sorcière Simonne, dont le cœur est rempli de haine et de fiel, roucoule avec Arlette :

Chers oiseaux, sous l'ombrage,
Chantez, chantez toujours;
Votre voix me présage
Le retour des beaux jours.

Jean a beau chercher à donner dans des couplets une explication de ses allures, elle manque de clarté comme la mélodie à laquelle l'intervalle persistant de quarte n'ajoute pas ce qui lui manque :

C'est alors que l'amour nous blesse
Que des regards sont les plus doux;
Cherchons-le quand il nous déaisse,
Fuyons-le, quand il vient à nous.
Voilà pourquoi Jean de Nivelle
S'en va, s'en va quand on l'appelle!

Le duo d'amour de Jean et Arlette n'est qu'une suite d'inconséquences. Jean commence par adresser à la jeune fille de douces paroles; elle répond qu'il l'a trompée, qu'il n'est pas le berger Jean, mais le duc de Montmorency. Elle détache de son corsage les fleurs qu'il lui a données et verse des pleurs de regret. *Un pauvre duc*, Arlette, réplique Jean, *Un pauvre duc* (en effet!),

Qui voudrait bien changer
Un titre mensonger
Pour le nom, la houlette
Du plus humble berger!

Il se déclare touché par l'amour que lui porte la jeune fille, et, après l'avoir troublée par la proposition qu'il lui fait de l'emmener, au point qu'elle est prête à céder, « il la rassure doucement d'un geste, » dit le livret, et lui dit galamment :

Eh! bien, non! reste chaste et pure,
O douce créature,
C'est ainsi que je t'aime;
Adieu!

Mais (Il y a un mais) quelquefois pense un peu
  Au pauvre Jean de Nivelle
  Qui s'en va quand on l'appelle!

ARLETTE.
  Il s'en va... ah! douleur cruelle!

Il y a de la verve et du mouvement dans le finale, qui est très travaillé. Les motifs les plus saillants sont la phrase de Diane : *Ah! quelle joie enivrante*, et l'ensemble allegro moderato: *L'étrange personnage*. Quant aux couplets de Charolais : *Prenez garde au joli berger*, ils rappellent exactement la facture syllabique des couplets d'opérettes de M. Offenbach, avec l'aggravation d'une cadence inacceptable pour l'oreille sur les mots *seul vous ramène en ces bois*. Les règles de la tonalité n'ont pas été plus observées dans le chœur des *Reines d'un jour*. Le musicien a pensé donner un caractère agreste au chant de ses vigneronnes en introduisant des effets de quintes consécutives sans aucun ménagement et en faisant succéder brusquement une phrase en *sol* de trois mesures à une phrase en *la* mineur de deux mesures. Le résultat est une pénible contrariété pour l'oreille et voilà tout. Ce n'est pas d'hier qu'on a cherché à exprimer le genre agreste, villageois, campagnard; mais Grétry, Monsigny, Boieldieu, Victor Massé s'y sont pris autrement et ont su allier l'expression du caractère aux lois de l'oreille et du goût dans l'*Épreuve villageoise*, le *Déserteur*, la *Fête du village voisin*, les *Noces de Jeannette*.

L'entr'acte est une phrase d'un tour archaïque, successivement exécutée par les hautbois, les flûtes et le quatuor en sourdine; c'est un papillotage assez délicat et sans importance. A un chœur de fête populaire sur une musique de ballet succède un trio bouffe qui n'est que scénique. Les couplets de Simonne : *Se consoler!* visiblement écrits pour la voix superbe et d'une âpreté sauvage de Mme Engally, offrent quelques phrases bien caractérisées, mais ce n'est pas encore là un morceau complet et réussi du commencement à la fin. Le chœur en l'honneur de la jeune favorite : *Sur tes pas, charmante Arlette*, est fort joli, mélodieux et d'un rhythme gracieux. Quant au tableau : *Dans le moulin du grand meunier*, c'est le morceau le plus applaudi de tout l'ouvrage à cause des vocalises, des roulades délicieusement chantées par Mlle Bilbaut-Vauchelet. La musique ne se distingue que par une facture habile. La scène de l'invocation de la mandragore enchantée est si puérile qu'elle ne produit aucun effet, malgré quelques phrases douloureuses d'Arlette apprenant que Jean est aimé de sa bienfai-

trice. Dans le trio qui suit, on distingue une belle phrase de ténor au milieu d'une harmonie touffue et plus chargée de broussailles que de fleurs. Le début du finale est dramatique et intéressant. Les imprécations contre le meurtrier inconnu de Saladin d'Angluro sont exprimées avec talent et énergie. Au moment où le comte de Charolais propose à Jean de le nommer Grand maître ou Connétable, celui-ci répond :

  Le hasard me conduit selon sa fantaisie
  Et je ne sais plus rien que m'en aller.

et moins d'une minute après il s'enrôle sous l'étendard bourguignon et s'écrie : *Qu'on me donne une compagnie!* L'acte finit par un chœur guerrier un peu compliqué pour des soldats, mais plein d'élan, bien orchestré et digne d'une meilleure cause.

Le troisième acte s'ouvre très brillamment par un excellent chœur de soldats dans lequel sont intercalés des couplets intéressants par leur bizarrerie de la sauvage Simonne :

  C'est un plaisir souverain,
  De s'être battu la veille,
  Quand on s'éveille
  Le lendemain.

Nous avons assez médit du livret pour citer avec éloge la strophe suivante des couplets de Simonne :

  Eh! que sont les morts, que sont les vivants,
  A la plaine verte, aux ruisseaux mouvants?
  Le bourgeon qui vous regarde
  Vaincre, tomber ou mourir,
  Fleurit sans y prendre garde,
  Quand il lui plaît de fleurir ;
  Pour que tout s'efface,
  Jusqu'à la place
  Où sont tombés les combattants,
  Il suffit d'un printemps!

Il nous reste à faire mention d'une romance sentimentale du comte de Charolais, assez étrange dans la bouche de ce téméraire personnage : *Il est jeune, il est amoureux*. Quant aux stances de la *Bannière de France*, on peut louer sans doute l'invention qu'a eue le musicien d'allier la mélancolie aux sentiments chevaleresques; mais l'inspiration s'est ressentie du triste caractère de son héros. Les phrases de chant sont péniblement modulées, contournées, ambiguës, et si elles produisent quelque effet au théâtre, il est dû presque exclusivement à l'intensité des sons élevés et il est subordonné aux moyens vocaux du chanteur. En somme, nous ne pensons pas que l'opéra de *Jean de Nivelle* ait de longs jours et reste au répertoire, malgré les éclatantes trompettes qui ont annoncé son succès.

Distribution : Jean de Nivelle, M. Talazac; le comte de Charolais, M. Taskin; Arlette, Mlle Bilbaut-Vauchelet; Simonne, Mme Engally; Diane de Beautreillis, Mlle Mirane; le page Isolin, Mlle Dalbret; Saladin d'Anglure, M. Maris; le sire de Malitorne, M. Grivot; le baron de Beautreillis, M. Gourdon; un vieillard, M. Troy.

JEAN SOBIESKI, drame en cinq actes, en vers, de Kristien Ostrowski, musique de M. Adolphe Nibelle, représenté au théâtre de la Porte-Saint-Martin le 23 décembre 1873. Mme Marie Lhéritier a chanté un rôle dans cet ouvrage.

JEANNE MAILLOTTE, opéra-comique en trois actes, livret de M. A. Faure, musique de M. J. Reynaud, représenté au théâtre du Cirque, à Rouen, en août 1873. L'auteur est chef de musique du 74e régiment de ligne. (Voyez page 856.)

JEUNESSE DE BÉRANGER (LA), opérette, musique de M. Firmin Bernicat, représenté à l'Eldorado en janvier 1877.

JOCONDE, opéra-comique allemand en trois actes, livret de West et Moret, musique de Carl Zeller, représenté au Stadttheater de Leipzig le 21 mai 1878.

JOHANNISNACHT (DIE) [*la Nuit de la Saint-Jean*], opéra en trois actes, musique de A. Eilers, représenté à Gotha le 2 mars 1880.

JOLANDA, opéra-seria, livret d'Interdonato, musique de Villanorita di Burgio, représenté au théâtre Grande de Brescia le 20 février 1879; chanté par Celestini, Rossi-Romiati, Re, Mmes Loriani, Crespi.

JOLIE PERSANE (LA), opéra-bouffe en trois actes, livret de MM. Leterrier et Vanloo, musique de M. Ch. Lecocq, représenté au théâtre de la Renaissance le 28 octobre 1879. La pièce est tellement fantaisiste qu'on ne peut l'analyser brièvement. Nadir et Namouna, la jolie Persane, à peine mariés, se querellent et font prononcer leur divorce par le cadi Moka. Le prince, amoureux de Namouna, veut l'épouser, mais un raccommodement a lieu entre les époux qui demandent l'annulation de leur divorce. La loi persane veut qu'avant de reprendre la vie commune, Namouna se soit unie à un autre et soit divorcée de nouveau. Cet autre est le hulla qui doit remplir avec discrétion et pour la forme ce rôle de mari intérimaire. Ce hulla s'appelle Broudoudour et a déjà rempli cent quinze fois cet office. La noce a lieu et le prince s'avise de prendre la place de Broudoudour, en profitant des ténèbres de la nuit et de jouer son rôle sérieusement. Scandale général. Broudoudour est accusé d'avoir failli à son mandat, et, d'après la loi, il faut qu'il garde malgré lui la femme qu'il n'a pas suffisamment préservée des droits de l'hymen. Tous les personnages sont au désespoir. L'inconstance du prince amène un dénouement favorable aux amours de Nadir et de Namouna. Il s'éprend de la femme du vieux cadi Moka, lequel s'empresse de divorcer, et Broudoudour épouse la marchande d'oranges Babouche. La musique de M. Lecocq est agréable, bien écrite, mélodieuse et rhythmée avec une aisance remarquable sur les paroles. On regrette de voir un compositeur aussi heureusement doué sacrifier son talent à de pareilles insanités. Je signalerai, parmi les morceaux les plus intéressants, les couplets des *pêches*, le rondeau du *petit ange*, les couplets de Namouna, *Pour bien choisir un amoureux*, le finale du premier acte; dans le second, la chanson persane, accompagnée par le chœur; les couplets du somnambule, *Oui, c'est bien cela, vraiment*, dont l'accompagnement par le chœur à bouches fermées est d'une ironie ingénieuse; dans le troisième, une valse chantée et le quartetto de *la lettre*. Les principaux interprètes de cet ouvrage ont été MM. Ismaël, Vauthier, Paul Ginet, Lary; Mmes Jane Hading, Desclauzas, Gélabert, Lilia Herman.

JUDITH, drame lyrique en trois actes et quatre tableaux, poëme de M. Paul Collin, musique de M. Ch. Lefebvre. Cet ouvrage, dont la partition est gravée, sera peut-être bientôt représenté. Il est plus digne de l'être que plusieurs opéras très prônés et déjà oubliés. C'est une œuvre d'un caractère élevé, consciencieusement traitée par les deux collaborateurs. Le premier acte se passe dans la ville de Béthulie assiégée. Au fond, on voit le temple; à gauche, la maison de Judith; des femmes, des enfants, des vieillards se traînent épuisés par la soif et la faim. Malgré la résistance conseillée par Osias, ce peuple veut rendre la ville à l'ennemi; Judith paraît, ranime les courages abattus, promet la délivrance dans un andante maestoso d'un beau mouvement, *Ils étaient nombreux, ils étaient superbes, les ennemis du Seigneur* L'acte se termine par un chœur largement écrit, *Va, Judith, va, noble femme!* Au second acte, dans le camp assyrien, on distingue l'air énergique d'Holopherne. *Plus menaçant que l'ouragan qui gronde*, encadré dans le chœur. *Nos dieux sont les seuls vrais dieux*; le double chœur des Hébreux captifs et des soldats victorieux, l'entrée de Judith, son récit plein de dignité et un ensemble exprimant l'effet produit sur Holopherne et tous ces barbares par sa grande beauté, la stupeur de ses compatriotes qui s'écrient:

O femme coupable!
Qui, d'un pareil forfait, eût cru ton cœur capable?
Honte sur toi qui nous trompais.
Ta vertu n'était donc qu'un mensonge hypocrite!
Sois maudite!

Le premier tableau du troisième acte représente la tente d'Holopherne. Le chœur d'introduction est fort travaillé, trop travaillé peut-être pour être compris par le public; mais quant aux airs de ballet qui suivent, le musicien s'est égaré à la recherche de la couleur locale, du pittoresque. Cet archaïsme frelaté l'a conduit à méconnaître les résonances naturelles et à produire les effets les plus rébarbatifs. L'introduction du deuxième tableau de cet acte est une symphonie pleine de dissonances et n'ajoute rien au mérite de l'ouvrage qui gagnerait à être expurgé de ces hardiesses harmoniques, au nombre desquelles on remarque l'abus des notes pédales dans une partie intermédiaire. La prière de Judith est d'un beau caractère, et le chœur final, sur une phrase en canon, rappelle heureusement le cantique biblique. On doit savoir gré aux auteurs d'avoir traité ce grand sujet sans en avoir altéré l'esprit ni le sens traditionnel.

JUNGFRAU VOM KÖNIGSSEE (die) (*la Vierge du lac du Roi*), opéra allemand, musique d'Albert Thierfelder, représenté à Brandebourg le 30 juin 1877 et exécuté par l'Académie de chant de Steinbeck.

K

KALACHNIKOFF, opéra russe, livret tiré d'un conte en vers de Lermontoff, musique d'Antoine Rubinstein, représenté au théâtre Marie, de Saint-Pétersbourg, le 5 mars 1880. Le sujet est un épisode du règne d'Yvan le Terrible. Un de ses gardes a enlevé l'épouse d'un marchand de Moscou, nommé Kalachnikoff. Celui-ci rencontre le séducteur dans une fête populaire, le provoque à la lutte et le tue d'un coup de poing. Le czar fait arrêter le meurtrier et apprend de lui la cause de sa vengeance. On pourrait croire que l'époux outragé obtiendra grâce; nullement. Yvan consent à se charger de sa femme et de ses enfants, mais ordonne que le malheureux Kalachnikoff soit mis à mort par le bourreau, habillé de neuf et muni d'une hache fraîchement aiguisée. Il faut du courage pour faire servir l'art musical à agrémenter un pareil poème. La partition de M. Rubinstein a paru sombre; cela était naturel; mais aussi offrant des longueurs, ce qui l'était moins. On a remarqué un chœur religieux, l'air du garde Maliouta, le duo entre ce personnage et la femme de Kalachnikoff et la scène entre les époux, après l'enlèvement.

KISS ME QUICK, opérette de M. O. de Lagrange, représentée au théâtre de la Porte-Saint-Denis le 13 octobre 1877; chantée par Mme Matz-Ferrare.

KÖNIG WASA, opéra, musique de M. Götze, représenté au théâtre de Chemnitz en février 1878.

L

LAGO DELLE FATE (il.) (*le Lac des Fées*), opéra fantastique, livret de Zanardini, musique de C. Dominiceti, représenté au théâtre Carcano, à Milan, le 14 mai 1878; chanté par Benfratelli, Verdini, Viviani; Mmes Bellariva, Bartolucci.

LANCELOT, opéra allemand en quatre actes, livret de M. Franz Bittong, musique de Theodor Hentschel, représenté au théâtre de Brême en novembre 1878 et au Stadttheater de Leipzig le 16 octobre 1880. Cet ouvrage, conçu d'après la théorie de M. Wagner, a été froidement accueilli.

LANDFRIEDE (DER) [*la Paix du pays*], opéra allemand en trois actes, livret de Mosenthal, d'après Bauernfeld, musique d'Ignaz Brüll, représenté à l'Opéra de Vienne le 4 octobre 1877. Le sujet de la pièce se rattache à l'édit du Landfriede publié par l'empereur Maximilien, après de longues guerres féodales. Cet ouvrage a obtenu un certain succès.

LEDIA, opéra espagnol, musique de Zubiaurre, représenté à l'Opéra de Madrid en mai 1877. Chanté par Tamberlick, Boccolini, Mme Ferni.

LIDA WILSON, opéra-seria, livret de Golisciani, musique de F. Bonamici, représenté au théâtre Nuovo, de Pise, le 21 janvier 1878; chanté par Belardi, Gallocci; Mmes Pedemonti, Novelli.

LINA, opéra-seria, livret de Guidi et d'Ormeville, musique de A. Ponchielli, représenté au théâtre dal Verme, de Milan, le 17 novembre 1877; chanté par Vincentelli, Bertolasi; Mmes Ponchielli-Brambilla, Riccardi. L'opéra la *Savojarda*, représenté à Crémone le 19 janvier 1841, a été refondu dans cet ouvrage qui a obtenu un légitime succès. Les morceaux les plus distingués de la partition sont : dans le deuxième acte, les strophes chantées par Lina (soprano), *! . Madre mia*, le duettino de Lina et Gualtiero (ténor), *L'anima mia*, la romance de la comtesse (mezzo soprano), *Ei mi fuggi*, et, dans le troisième acte, la romance de Gualtiero, *Tu che voluti*.

LINDOR, opéra-comique en un acte, musique de Mme Héritte-Viardot, représenté au théâtre de Weimar en mai 1879. Chanté par M. Knopp et Mme Horson.

LISA DE' LAPI, opéra-seria, musique de E. Samenzo, représenté au théâtre National de Gênes le 4 décembre 1880.

LOBELIA, opéra-seria, livret de Calvi, musique de S. Falchi, représenté au théâtre Argentina, à Rome, le 4 décembre 1878; chanté par Rossetti, Vanden, Pinto; Mmes Stolzmann, Maccaferri-Scarlatti.

LOUP BLANC (LE), opéra-comique en un acte, livret de M. Émile Deveaux, musique de M. Samary père, représenté au Casino de Pougues-les-Eaux en septembre 1877.

LUIGI ROLLA E MICHELANGELO, opéra-seria, livret de Cammarano, musique de Federico Ricci, représenté au théâtre de la Pergola, à Florence, pendant le carême de 1841, et ensuite à Dresde et à Madrid; chanté par Moriani, Bertini, S. Ronconi et Mmes Strepponi et Secci.

LUTIN DE GALWAY (LE), opéra-comique, livret de M. Ernest Deseille, musique de M. O'Kelly, représenté au théâtre de Boulogne-sur-Mer en septembre 1878; chanté par MM. Pellin, Toscan et Mlle Jouanny.

M

MADAME FAVART, opéra-comique en trois actes, livret de MM. Duru et Chivot, musique de M. J. Offenbach, représenté aux Folies-Dramatiques le 18 décembre 1878. Le genre de l'opérette s'accommode volontiers du libertinage élégant du XVIIIe siècle et, en empruntant les usages et le langage de cette époque, les auteurs peuvent éviter la trivialité des mœurs contemporaines. Voici l'analyse rapide de la pièce. Mme Favart aime son mari et veut lui demeurer fidèle. Pour éviter le courroux de Maurice de Saxe, le pauvre Favart a été obligé de se cacher et sa femme de prendre divers déguisements. Tous deux s'intéressent aux amours d'Hector de Beaupréau et d'une jeune fille nommée Suzanne. Comme Hector ne peut être agréé qu'après avoir été nommé lieutenant de police à Douai, Mme Favart obtient cette place pour lui du marquis de Pontsablé en se faisant passer pour la femme d'Hector. Pontsablé, chargé d'arrêter l'actrice, se rend chez Hector, où les deux comédiens sont cachés. Il ne reconnaît pas Mme Favart, qui est déguisée en servante et enrôle Suzanne au maréchal de Saxe qui, pour célébrer la victoire de Fontenoy, veut faire jouer devant lui la *Chercheuse d'esprit*. Suzanne est dans le plus grand embarras; elle n'est jamais montée sur les planches et ne peut jouer le rôle de Nicette. Mme Favart la tire d'affaire; elle est venue au camp sous un déguisement; elle joue le rôle à merveille, obtient du roi sa grâce personnelle, celle de son mari et la disgrâce de Pontsablé. En traitant ce sujet léger, où tout est factice et de convention, le compositeur était dans son élément; aussi sa partition est-elle une de ses meilleures et des plus variées. Les ensembles sont toujours bien vulgaires; mais les couplets sont agréablement tournés, et il y en a beaucoup. La ronde égrillarde:

> Ma mère aux vignes m'envoyait
> Je n' sais comment ça s' fit,

est un pastiche du style de ce temps; elle a été naturellement bissée par le public des Folies-Dramatiques. Les couplets de Suzanne priant son père de lui laisser épouser Hector ont un certain charme que la vulgaire familiarité des paroles laisse encore subsister; la chanson de l'*Échaudé*, chantée par Favart, semble tirée, paroles et musique, du répertoire du théâtre de la foire Saint-Germain, tant l'imitation est réussie:

> Quand du four on le retire
> Tout fumant et tout doré,
> Aussitôt chacun s'admire
> Le gâteau bien préparé;
> Il a fort belle apparence.
> On est pressé d'en manger;
> Mais pour de la consistance,
> Il n'en faut pas exiger;
> Mettez-le dans la balance:
> C'est léger, léger, léger.
> Il en est des gens dans notre France
> Ainsi peuvent se juger.
> Tout pleins de leur importance,
> Vous les voyez se gonfler.
> Mettez-les dans la balance:
> C'est léger, léger, léger.

La formule du rondeau de la *Vieille* est aussi vieillotte que son titre. Je passe sur toute la musique militaire qui remplit une partie du dernier acte pour citer encore une tyrolienne et le rondeau dans lequel Mme Favart raconte sa supplique au roi. Cette opérette est, en somme, amusante et habilement traitée par le musicien, chantée par MM. Lepers, Luco, Simon-Max, Maugé, Octave, Speck; Mmes Girard et Gélabert.

MADAME GRÉGOIRE, vaudeville en quatre actes, de MM. Paul Burani et Maurice Ordonneau, musique de M. Okolowicz, représenté au théâtre des Arts en mai 1890. La chanson de Béranger, d'un réalisme si vulgaire, n'a fourni que le titre de cette pièce, qui semble n'avoir été faite que pour profiter de l'audace avec laquelle Mme Judic débite des grivoiseries. Des dragons content fleurette aux trois nièces de la cabaretière, des pages en font autant aux femmes de trois grands seigneurs qui poursuivent trois comédiennes; ce n'est que cela, et c'est beaucoup trop de dix-huit personnages occupés à une telle besogne.

MADEMOISELLE DE KERVEN, opéra-comique en deux actes, livret de M. Santiago Mégret, musique de M. Gustave Rink, représenté au Grand-Théâtre de Bordeaux le 10 avril 1877, sans succès.

MAÎTRE MARTIN ET SES COMPAGNONS, opéra en trois actes, musique de Vendelin Weissheimer, représenté à Leipzig le 6 mars 1880. Le sujet a été tiré d'un conte d'Hoffmann et avait déjà été traité par Krug et par F.-W. Tschirch.

MAÎTRE PERONILLA, opéra-bouffe en trois actes, livret de M. X., musique de M. Jacques Offenbach, représenté aux Bouffes-Parisiens le 13 mars 1878. Le sujet de la pièce est assez original. Maître Peronilla est un fabricant de chocolat qui, dans sa jeunesse, a exercé la profession d'avocat. Manoela, sa fille, est courtisée par Alvarez, dont les sérénades l'ont charmée, et par le vieux et ridicule Guardona. Ce dernier est préféré par le père, et l'acte civil du mariage est passé devant notaire. Mais les deux cousins de la jeune fille parviennent à substituer Alvarez à Guardona dans la cérémonie religieuse, qui a lieu pendant la nuit. Manoela se trouve donc bigame, et les tribunaux sont saisis de l'affaire. Leona, sœur de Peronilla, prend le parti de Guardona. La cause est appelée. Un avocat plaide en faveur de Manoela et, dans le feu de son éloquence, laisse tomber la perruque dont il s'est affublé. On reconnaît en lui le père de l'accusée. L'acte civil, dressé au nom de famille que porte également Leona, est appliqué à celle-ci, qui est contrainte d'épouser le vieux Guardona, et Manoela épouse Alvarez.

La musique est agréable et, sauf quelques phrases d'un goût médiocre et des réminiscences, offre de charmants morceaux. Je citerai particulièrement la jolie romance d'Alvarez : *Quand j'ai dû, la mort dans l'âme* ; les couplets des petits valets : *Pedro, le petit bohémien* ; le rondeau de Frimouskino : *Je pars, je suis, je vole*, qui est très bien fait, et la romance chantée par le même : *Assurément, j'ai confiance*. Le morceau le plus applaudi a été la *Malagueña*, chanson espagnole où se trouvent quelques modulations bizarres, mais intéressantes. Il est fâcheux que les paroles n'offrent pas la moindre trace d'esprit ni de littérature. Le succès de carrefour qu'on a fait au *Roi barbu qui s'avance, ou qui s'avance*, de la *Belle Hélène*, a sans doute engagé M. Offenbach à reproduire ce genre d'effet. Ce passage peut donner une idée du goût qui préside à la confection de ces ouvrages :

> Les frères Vélasquez
> Comm' témoins sont forts,
> Où faut-il *Signez*?
>
> PÉRONELLE.
> On vous le dira,
> On vous le di,
> On vous le di,
> On vous le dira.

M. Offenbach a tellement caricaturé l'art du compositeur, qu'on a quelque peine à le prendre au sérieux lorsqu'il veut l'être.

Le genre de l'opérette a remplacé celui de l'ancien vaudeville, malin et français, parisien surtout. Mais la partie musicale ayant été développée à l'excès, on n'a pu la faire accepter au public qu'en l'assaisonnant de gravelures et d'exhibitions plastiques. L'esprit, qui faisait les frais de l'ancien vaudeville et de la comédie à ariettes, n'est plus nécessaire ; les situations scabreuses suffisent, accompagnées d'une musique qu'on écoute à peine. L'opérette est une transformation passagère qui flatte les goûts d'un public mêlé, cosmopolite et indifférent au fond. L'auteur dramatique gagnerait à n'accepter du musicien qu'une collaboration moins encombrante, moins coûteuse et réduite aux proportions de l'ancienne comédie à ariettes. C'est là le genre dans lequel l'opérette devra être ramenée et maintenue si l'on tient à conserver à l'esprit français les qualités dont il doit faire preuve dans ce genre de plaisir : le goût, la sensibilité, une gaité spirituelle. Distribution : Alvarez, Mme Peschard ; Frimouskino, Mme Paola Marié ; Leona, Mme Girard ; Manuela, Mlle Humberta ; Antonio, Mlle Fanny Robert ; Paquita, Mlle Descot ; Felipe, Mlle Blot ; Juanito, Mlle Blanche ; Peronilla, M. Daubray ; Guardona, M. Jolly ; Ripardos, M. Troy ; Bridoison, le notaire, MM. Scipion, Pescheux ; les deux Velazquez, Maxnère, Dubois ; deux juges, Jannin, Chambéry ; le marquis, Sassard ; don Fabrice, Montaubry.

MAÎTRE PIERROT, opéra-comique en un acte, livret de M. Albert Carré, musique de M. Félix Pardon, représenté au Casino de Contrexéville en août 1880 ; chanté par Lary et Mme Astruc.

MALATESTA (LES), opéra, livret et musique de M. Morin, banquier lyonnais, représenté au Grand-Théâtre de Lyon en mai 1879. Le sujet est l'épisode de Francesca di Rimini et de Paolo Malatesta. Cet ouvrage n'a été donné qu'une fois. Chanté par Stéphane et Mlle Reine-Mézeray.

MANASSE IN BABILONIA, opéra sacré, livret de Negri Giuseppe, musique de N. Coccon, représenté à l'Orfanotrofio Maschile de Venise le 15 mars 1877 ; exécuté par les élèves de cet établissement.

MANFREDI DI SVEVIA, opéra-seria, livret de Santangelo, musique de F. Del Re, représenté le 16 juin au théâtre de Sansevero (Capitanate).

MARCHESELLA (LA), opéra-bouffe italien, paroles et musique de Burali-Forti, représenté au théâtre Petrarca d'Arezzo le 21 décembre 1876. Chanté par Frilli, Sacchetti, Fedini et Mme Giannetti.

MARIA DI GAND, opéra-seria en quatre actes, livret de Cimino, musique de Tito Mattei, représenté à Saint-George's hall en juillet 1877, à Londres ; chanté par Bettini, del Puente, Mme Marie Roze, etc., et à Her-Majesty's Theater en décembre 1883. Le sujet de la pièce est un sombre drame qui a été traité dans la manière des opéras de M. Verdi. On a remarqué dans cet ouvrage important : au premier acte, une romance de soprano et un menuet ; au second, un duo ; au troisième, la grande marche avec chœurs et double musique militaire ; enfin au quatrième, un air de baryton et le duo final. Chanté par Aldighieri, Runcio Ordinas, Bonetti et Mme G. Zacchi.

MARIA MENZIKOFF, opéra-seria, musique de Ferrari Ferruccio, représenté au théâtre Communal de Reggio (Emilia) le 30 mai 1877 ; chanté par Ortisi, Cabella, Mme Contarini.

MARIA-PROPERZIA DE ROSSI, opéra-seria en trois actes, livret de Cagnari, musique de P.-S. Collini, représenté le 30 juin 1877 au Politeama de Rome. Cet ouvrage avait été déjà représenté le 13 février 1876 au Cercle philodramatique de Rome; mais, depuis, les auteurs lui ont fait subir des changements.

MARIA TIEPOLO, opéra italien, musique du baron Crescimanno di Albadorita, représenté au théâtre Argentina de Rome le 8 décembre 1877; chanté par Marini, Capocci, Wagner, Mme Visconti. Cet amateur s'est appliqué à suivre le système de M. Wagner et à se borner à un récitatif continu. Il est aussi l'auteur de la musique adaptée à une tragédie d'Alfieri. On n'a pu supporter plus d'une soirée l'ennui causé par *Maria Tiepolo*.

MARIA TUDOR, opéra-seria en quatre actes, livret de Praga, musique de C. Gomes, représenté au théâtre de la Scala, à Milan, le 27 mars 1879; chanté par Tamagno, Kaschmann, de Reszké, Mmes d'Angeri, Turolla, Galli. Cet ouvrage, d'abord accueilli avec défiance, s'est relevé à la seconde représentation.

MARINAIO DI MERGELLINA (IL), opéra-comique italien, musique de Donadio, représenté au théâtre de la Fenice, à Naples, en janvier 1877.

MARINELLA, opéra-seria, musique de A. Ciardi, représenté à Prato, au théâtre Métastase, en septembre 1877; chanté par de Sanctis-Marianecci, Borgioli, Bettarini, Mmes Pozzi-Branzanti, Casaglia.

MARITO E L'AMANTE (IL), opéra-buffa, livret de Rossi, musique de Federico Rossi, représenté au théâtre de la Porte de Carinthie, à Vienne, le 9 juin 1852; chanté par Frachini, de Bassini, Scalese et Mmes Medori et de Méric.

MARJOLAINE (LA), opéra-bouffe en trois actes, livret de MM. Vanloo et Leterrier, musique de M. Ch. Lecocq, représenté au théâtre de la Renaissance le 3 février 1877. Le sujet de la pièce est plus que scabreux; c'est ce que cherchent, avant tout, les auteurs de ces sortes d'ouvrages. La scène se passe en Flandre. Le baron Palamède épouse une rosière; Marjolaine est son nom. Parmi les célibataires de ses amis est un certain Annibal, fort entreprenant. Palamède parie avec lui sa fortune tout entière qu'il ne réussira pas à rendre sa femme infidèle. Annibal fait par persuader à son ami que Marjolaine l'a autorisé à venir, la nuit, dans sa chambre. Palamède est ruiné et obtient le divorce. De son côté, Marjolaine aime le jeune horloger Frickel et l'épouse, après avoir fait avouer à Annibal qu'il a usé d'un stratagème pour gagner son pari.

Cet ouvrage a obtenu le plus grand succès auprès d'un public affriandé par les scènes risquées dont il est rempli. La musique est en elle-même fort agréable et la partition abonde en motifs mélodiques. On peut citer plus particulièrement les couplets de la médaille, le rondeau des blés, le duo des adieux : *Je ne suis plus la Marjolaine*; la scène de la présentation, dans le vrai style de la comédie musicale; dans le second acte, la chanson de la Maguelonne, le duo d'Arline et de Frickel, le duo de la déclaration; dans le dernier acte, les couplets des Coucous, le duo de Marjolaine et d'Annibal : *Et pourtant, quel rêve enchanteur!* Chanté par MM. Berthelier, Vauthier, Puget, Mmes Jeanne Granier, Théo, etc.

MAROCAINE (LA), opéra-bouffe en trois actes, livret de M. Paul Ferrier, musique de M. Jacques Offenbach, représenté aux Bouffes-Parisiens le 13 janvier 1879. Cette pièce est tellement excentrique, que l'analyse n'en est guère possible. La musique offre, parmi de nombreuses redites, quelques fragments assez agréables; tels sont : le chœur de femmes accompagnant le chant du muezzin; une sérénade, *Aux baisers de la nuit sereine*; le quatuor, *Pour préserver une Atalide*, suivi d'une valse. Chanté par Milher, Jolly, Mlles Paola Marié, Hermann et Marie Albert.

MARQUISE DES RUES (LA), opéra-comique en trois actes, livret de MM. Siraudin et Gaston Hirsch, musique de M. Hervé, représenté aux Bouffes-Parisiens le 22 février 1879. Cette pièce est une opérette, s'il en fut. Le style des paroles et celui de la partition ne s'élèvent pas au-dessus de ce mauvais genre. On pouvait cependant traiter ce canevas autrement et le broder avec goût et même avec sentiment, au lieu de le couvrir de paillons.

Le marquis des rues, chansonnier ambulant, a associé à sa vie errante une jeune fille, nommée Mirette, qu'il fait passer pour sa femme, mais dont il se propose de retrouver les parents. C'est donc la *marquise des rues*.

Elle est, en réalité, la mère du comte de La Palu[?], qui la reconnaît et veut lui faire épouser Hercule, son fils. La jeune Mirette a promis son cœur à Patrice, fifre dans un régiment suisse, et de son côté le vicomte aime l'Anglaise Albina. La marquise des rues, qui a appris plus d'un tour dans ses pérégrinations de bohémienne, pratique la chiromancie, devient la protectrice des jeunes amoureux et favorise l'enlèvement de l'Anglaise par le vicomte, tandis qu'elle se prétend mariée elle-même au marquis des rues. Margotte, la vraie femme de celui-ci, revendique son titre, et il y a là une scène de gifles tout au plus digne de la foire. Mirette finit par épouser Patrice, le gentil fifre suisse. Pour plaire au goût régnant, les auteurs ont accumulé les scènes grotesques et adopté la langue des opérettes de M. Offenbach, à laquelle il serait temps de renoncer enfin. Comment peut-on donner le titre d'opéra-comique à un ouvrage où l'on chante ceci?

> J'ai du bon tabac
> Dans ce petit sac,
> De peur de m'enrh[umer],
> Je l'porte sur mon front;
> D'[?] effet un[?] prise
> Mon cœur fait tic tac,
> C'est du macronne[?],
> Bon pour le nez et l'estomac.

Cela passe toute permission, et messieurs les paroliers ne devraient pas trouver de compositeur pour mettre en musique de pareilles fadaises. Au reste, la partition de la *Marquise des rues* est des plus médiocres. On a applaudi, toutefois, les couplets des *Maris de Paris*, la chanson de la chambrée, *Quand je quittai mon village*, et un chœur comique de conspirateurs; une assez jolie valse sert d'entr'acte. Distribution: Mirette, Patrice, Albina, Margotte, M‍mes Bennati, Marie Albert, Kate Munroe, Claudia; le marquis des rues, Hercule, le comte de La Palud, Champagnac, MM. A. Jolly, Jannin, Bonnet, Desmonts.

MARSIGLIESE (LA), drame lyrique, livret de M. R. Carrion, musique de Fernando Caballero, représenté au théâtre Goldoni, à Venise, en juin 1878. Le sujet est un épisode du temps de la Terreur.

MARTON ET FRONTIN, opéra-comique, musique de M. Francis Thomé, représenté au Casino des Eaux-Bonnes en août 1877. Chanté par Troy et Mlle Marcus.

MARTYR OF ANTIOCH (THE) (*la Martyre d'Antioche*), œuvre lyrique, poème de M. W. S. Gilbert, musique de M. Arthur Sullivan, exécuté à Leeds le 15 octobre 1880.

La ville de Leeds, dans le Yorkshire, jouit d'une réputation musicale dans toute l'Angleterre, tant à cause de ses bonnes sociétés chorales qu'en raison de l'habitude qu'ont prise les compositeurs d'y porter la primeur de leurs ouvrages. L'action, tirée du *Martyrologe*, se passe à Antioche vers la fin du me siècle. Margarita, prêtresse d'Apollon, est aimée du préfet romain Olybrius. Elle embrasse le christianisme, et, en présence du peuple, elle chante sur sa lyre, au lieu des louanges d'Apollon, un hymne en l'honneur du Christ. La scène de la prison et celle de la condamnation à mort ont valu au musicien des applaudissements enthousiastes. La presse anglaise est unanime pour exalter cet opéra sacré, qui a été le *great attraction* du festival triennal de Leeds. Treize mille personnes y ont assisté. S. A. R. le duc d'Édimbourg s'y est rendu de Londres avec une nombreuse suite.

Le rôle de Margarita a été chanté par M‍me Albani, que nous n'avons plus le plaisir d'entendre depuis que, dans la salle Ventadour, le bruit des écus a remplacé les harmonieux concerts. C'est Apollon écorché par Marsyas. Les autres rôles ont été chantés par M‍me Patey et M. Lloyd.

MASCOTTE (LA), opéra-bouffe en trois actes, livret de MM. Chivot et Duru, musique de M. Edmond Audran, représenté aux Bouffes-Parisiens le 28 décembre 1880.

Les porte-veine étaient alors à la mode, et les auteurs de la *Mascotte* en ont imaginé un à l'usage des Bouffes-Parisiens. Ce porte-veine est une jeune paysanne dont la présence dans une maison suffit pour y amener le bonheur, la fortune, tous les biens, faire réussir toutes les entreprises. Cela s'appelait autrefois une dame blanche, une fée, un bon ange; c'est aujourd'hui une gardeuse de dindons, et son nom est moins poétique; elle s'appelle une *mascotte* dans la légende, et de son nom Bettina. L'action se passe dans les États de Laurent XVII, prince de Piombino. Rocco, un de ses fermiers, possède la mascotte et, de gueux qu'il était, devient riche. Laurent lui enlève Bettina, son trésor, en fait une comtesse et la fait lui-même son premier chambellan; mais, pour que la mascotte conserve son privilège de porte-veine, il faut qu'elle résiste à toutes les séductions. Or, elle aime le berger Pippo, qui vient enlever Bettina au moment où le vieux prince va l'épouser pour la forme, afin de la préserver de toute aventure. Le porte-reine ayant quitté la cour, Laurent XVII n'a plus que des revers. Le prince de Pise, Fritellini, fiancé à la princesse Fiammetta, enlève à son futur beau-père ses États. Laurent XVII et son chambellan Rocco sont réduits à la misère et, tout dépenaillés, reviennent au troisième acte en habit de pifferari et subissent tous les genres d'affront. Il va sans dire que le berger Pippo épouse la gardeuse de dindons, Fritellini la princesse Fiammetta, et que les couplets grivois, les jolies actrices, les costumes brillants, un certain luxe de mise en scène assurent à cette entreprise une centaine au moins de représentations. Et la musique? Le morceau qu'on a applaudi le plus, qu'il a même été bissé, est un duo dans lequel Pippo et Bettina imitent tour à tour le bêlement des agneaux et le gloussement des dindons. Dans l'Avocat Patelin, le *bée, bée* du berger Aignelet est aussi adroit que malicieux, tandis que le *bé, bé* du berger Pippo n'est que la première syllabe d'un mot qu'on achève pour lui. Quoique, à mon sens, un musicien soucieux de son art ne devrait pas s'associer aux concessions que font les librettistes au mauvais goût régnant, je ne puis méconnaître qu'il y a dans la partition de M. E. Audran des morceaux intéressants. Le rhythme y joue un rôle plus essentiel que la mélodie, et presque tous les vers sont syllabiques, depuis le chœur d'introduction: *Vive le petit vin doux*, jusqu'aux couplets fort lestes sur la *fleur d'oranger*. Au point de vue exclusivement musical, il y a dans le premier acte une valse chantée par la mascotte, avec les réponses du chœur, et une romance expressive; au deuxième, un menuet chanté et les couplets du secret de Polichinelle; enfin, dans le troisième, d'excellents couplets militaires, chantés par Fritellini et le chœur, habilement relevés par les deux pistons. Cette opérette, fort développée, est chantée par Morlet, Hittemans, Lamy; Mlles Montbazon et Dinelli.

MATHUSALEM, opérette allemande en trois actes, livret français de MM. Delacour et Wilder, traduit en allemand par M. Carl Treumann, représenté à Vienne en janvier 1877.

MATELDA, opéra seria, livret de Marenco, en quatre actes, musique de Scontrino, représenté au théâtre dal Verme, de Milan, le 19 juin 1879; chanté par Lestellier, Valle, Tamburlini, Mme Pierangeli.

MATRIMONIO IMPOSSIBILE (il), opéra giocosa, livret de Toussaint, musique de G. Ferraro, représenté à Cherasco le 17 novembre 1874; chanté par Bacci, Curotti, Soffietti, Mme Tamburini, Gioberge. Cet ouvrage a été de nouveau donné au théâtre Alfieri, à Turin, en mai 1879.

MATTIA CORVINO, opéra seria, livret de d'Ormeville, musique de G. Pinsuti, représenté au théâtre de la Scala de Milan le 21 mars 1877; chanté par Sani, Villani, Monti, Mme Borsi de Giuli. Le règne heureux du héros hongrois, protecteur, au XVe siècle, des arts et des lettres, et qui a exercé dans cette partie de l'Europe une si durable influence, peut fournir un sujet de poème intéressant. L'opéra de Pinsuti a obtenu du succès. Parmi les morceaux les plus remarquables de sa partition, je signalerai, dans le premier acte, l'air d'Osviena (soprano): *Febbre d'amor possente*, et le duetto d'Osviena e Wladimiro (baryton): *A lei moribonda*, et, dans le deuxième acte, l'air de Wladimiro: *Se d'una sposa*.

MEFISTOFELE, opéra italien, livret et musique de M. Arrigo Boito, représenté au théâtre Communitativo de Bologne le 4 octobre 1875 (voyez la première apparition de cet ouvrage, page 738) et à Her Majesty's Theater, à Londres, le 6 juillet 1880. Le prologue se passe dans le ciel. Le drame est divisé en deux parties: la première comprend trois actes: le dimanche de Pâques, le jardin et la nuit du sabbat, la mort de Marguerite; la seconde est formée d'un quatrième acte: la nuit du sabbat classique, et d'un épilogue: la mort de Faust.

Cet ouvrage est rempli d'étrangetés et de hardiesses poétiques intéressantes, mais qui s'adressent plutôt à l'imagination littéraire qu'au goût musical. Il y a surtout dans le prologue un chœur d'anges fort original sur une tierce persistante:

> *Siam nimbi*
> *Volanti*
> *Dai limbi,*
> *Nei santi*
> *Splendori*
> *Vaganti,*
> *Siam cori*
> *Di bimbi*
> *D'amori.*
> *Etc.*

Ce prologue a la forme de l'oratorio; le style est loin d'en être pur, car les quintes abondent. Malgré sa couleur mystique, le poème est d'un réalisme choquant et d'une audacieuse crudité. On ne peut contester la force dramatique et la verve endiablée de cet ouvrage, le plus bizarre qu'on ait vu sur la scène. Les transitions semblent inconnues à l'auteur. Le drame commence à la promenade; la séduction de Marguerite a déjà été consommée, puisqu'elle accepte de la main de Faust, qui a pris le nom d'Enrico, un breuvage soporifique pour endormir sa mère pendant qu'elle recevra en cachette son amant. Elle n'y met qu'une seule condition : c'est que ce breuvage ne fera aucun mal à la pauvre femme; c'est au moins cela. Comme on le voit, le livret ne brille pas par le goût et est bien inférieur à celui qu'a traité avec tant de succès et de talent M. Gounod. Les modulations sont heurtées, la mélodie est rare et la partie musicale offre surtout des effets de sonorité. Quoique l'apothéose posthume de Berlioz les ait mis fort à la mode, ce n'est pas suffisant.

Le quatrième acte et l'épilogue de l'opéra ont été tirés du second *Faust* de Gœthe. L'auteur a tenté d'introduire dans la *Notte del sabba classico* la prosodie du vers asclépiade. Eléna chante en vers prosodiés à l'antique, tandis que Faust lui répond en vers rimés, afin, dans la pensée du poète musicien, d'allier la beauté grecque à la beauté romantique allemande. Je ne crois pas que M. Arrigo Boito réussisse à introduire cet élément dans la composition musicale plus que je n'y ai réussi moi-même lorsque j'ai mis en musique sur le mètre a calqué quelques odes d'Horace, notamment l'ode *O mala mecum, coasule Manlio!* Il n'y a guère que l'iambique dimètre et la strophe saphique avec le quatrième vers adonique qui soient susceptibles de s'accommoder à notre musique mesurée et aux divisions isochrones du rhythme, tel qu'il a prévalu dans tout l'Occident.

Les morceaux les plus saillants de l'opéra de *Mefistofele* sont : dans le premier acte, la romance de Faust, *Dai campi, dai prati*; dans le troisième, l'air de Marguerite, *L'altra notte in fondo al mare*; le duo *Lontano*; dans le quatrième, le *duetto* d'Hélène et de Faust, *Forma ideal purissima*, et la romance de Faust, *Giunto sul passo estremo*. Distribution : Mefistofele, Nannetti; Faust, Campanini; Margherita et Elena, E. Borghi-Mamo; Marta et l'antalis, Mazzucco; Wagner et Nereo, Casarini. Les rôles de Margherita et d'Elena ont été chantés à Londres par Mme Nilsson.

MENESTRELLO (IL), opérette en trois actes, livret tiré de *Gringoire*, de Théodore de Banville, par Campodicola, musique du marquis Filiasi, représentée au théâtre de la Società filodrammatica dei Nobili en juin 1883. On a remarqué dans cet ouvrage d'un amateur le chant du ménestrel et une prière chantée, au troisième acte, par Mme Rubial-Scalisi.

MÉNÉTRIER DE MEUDON (LE), opéra-comique en trois actes, livret de MM. Gaston Marot et L. Jonathan, musique de M. Germain Laurens, représenté aux Fantaisies-Parisiennes le 1er septembre 1883. La pièce est divertissante. François, le ménétrier, se fait passer pour le roi François 1er et chasse sur les terres conjugales du baron de Bois-Corné. La partition, premier ouvrage lyrique du compositeur, a été chantée par Mlles Stella de La Mur, Landau, MM. Puget et Desinot.

MÈRE DES COMPAGNONS (LA), opéra-comique en trois actes, livret de MM. Chivot et Duru, musique de M. Hervé, représenté au théâtre des Folies-Dramatiques le 15 décembre 1880. Malgré le milieu vulgaire où se passent les trois actes, l'intérêt est soutenu, parce que les caractères des personnages ont de la franchise et du naturel. Il y a aussi un fond de sentiments généreux qu'on a perdu l'habitude de rencontrer dans ces sortes d'ouvrages. La mère des compagnons charpentiers est une jeune fille, nommée Francine Thibaut, qui exerce sur eux une influence absolue. Tous la respectent et l'un d'eux, Marcel, en est amoureux fou. Mais Francine est tout entière occupée d'une aventure romanesque dont le héros est un jeune inconnu qu'elle a sauvé. Cet inconnu, Gustave de Champrosé, est un conspirateur, un carbonaro; la pièce se passe au temps de la Restauration. Marcel a un frère, comédien de province, en tournée de représentations. Voyant le désespoir amoureux du brave charpentier, il s'emploie avec zèle à le débarrasser de son rival. Habile à jouer tous les rôles, il prend divers déguisements et revêt en dernier lieu l'uniforme de général, afin d'arrêter Gustave de Champrosé au moment où il va épouser la jeune Francine. Celle-ci sauve encore une fois le carbonaro, qui va devenir son mari, en le cachant précipitamment dans sa chambre. Marcel sacrifie à la fois son amour pour Francine et sa haine pour son rival. Il ne songe plus qu'à sauver l'honneur de la jeune fille. Instruit de la supercherie de son frère, il démasque le faux général. La petite mère des compagnons s'aperçoit enfin qu'elle a dans la charbonnerie une rivale préférée; elle retourne au compagnonnage en comblant les vœux du bon Marcel. Il y a des scènes fort comiques, et d'ailleurs absolument invraisemblables, dans l'hôtel des parents titrés de Gustave, envahi par les compagnons charpentiers. Si l'on ne faisait pour le populaire que des pièces de ce genre, amusantes, gaillardes et morales à la fois, cela vaudrait mieux que les opérettes grivoises et les insanités de mauvais goût. La musique de M. Hervé est assez faible et inégale, mais elle n'est jamais commune. On a applaudi un morceau fort bien arrangé et d'un charmant effet ; c'est celui que chante Francine racontant les leçons de clavecin, de chant, de maintien et de danse qu'on lui fait prendre dans l'hôtel du comte pour la former aux belles manières. C'est assurément moins distingué que la scène analogue de la *Fille du régiment*. Donizetti et M. Hervé ne parlent pas la même langue et leurs auditeurs n'ont pas les mêmes oreilles. Je signalerai aussi les couplets de la mère des compagnons, la chanson *de l'Écaillère* et la *ronde des Charpentiers*. Chanté par Maugé, Lepers, Simon-Max; Mmes Simon-Girard et d'Harville.

MIDAS, opéra-bouffe en quatre actes, représenté au théâtre de Saint-Quentin le 6 février 1880. Les auteurs ont gardé l'anonyme.

MOKA, opéra-comique en trois actes, livret de MM. Vidal et Dubosq, musique de M. P. Doessen, représenté à Châlons-sur-Marne en mars 1880.

MONCADA (1), opéra italien, livret de M. Fulgonio, musique de M. Marenco, représenté à Milan en octobre 1880. Le compositeur a mieux réussi dans la musique de ballet que dans le genre dramatique. Cet ouvrage n'a eu aucun succès, malgré l'intérêt du poème et l'interprétation de la partition par Mmes Contarini et Kottas, MM. de Serini et Bertolasi.

MONSIEUR DE FLORIDOR, opéra-comique en un acte, livret de MM. Nuitter et Tréfeu, musique de M. Théodore de Lajarte, représenté à l'Opéra-Comique le 11 octobre 1880. La fable de La Fontaine *l'Ivrogne et sa Femme* et la pièce d'Anseaume *l'Ivrogne corrigé* ont fourni le sujet de cette pièce assez médiocre.

Mathurin veut marier sa nièce Germaine à Lucas, pilier de cabaret comme lui. Germaine a promis son cœur et sa main à un certain personnage qui a quitté le pays pour se faire comédien et dont le retour est annoncé. Il s'appelle maintenant M. de Floridor, et, de concert avec la tante de Germaine, il organise avec sa troupe une scène infernale avec danses de diablotins, décors simulant le séjour des enfers. Les deux ivrognes se réveillent au milieu de ce carnaval flamboyant; sous l'empire de la peur, ils promettent à la fois de ne plus boire que de l'eau et de laisser Germaine épouser M. de Floridor. M. de Lajarte a écrit sur ce livret un peu enfantin des airs à boire d'un tour ancien, dans la manière de Philidor, et un trio dans le style de Lulli qui contrastent singulièrement avec le caractère de sa musique personnelle, qui a de la verve, de la gaieté et dont il sait faire ressortir les effets par une instrumentation brillante; on a remarqué surtout la bonne sonorité de l'harmonie. Chanté par MM. Belhomme, Barnolt, Grivot, Mlle Ducasse et Mme Numa Dolbret.

MORA, opéra-seria, livret de Ghislanzoni, musique de L. Vicini, représenté au théâtre Sociale de Lecco le 13 octobre 1880. Chanté par Vicini, Campanari, Leoni, Mmes Vicari et Galli.

MORLACCHI (1), opéra-seria, livret de G. Sapio, musique de R. Sapio, représenté au Royal-Collège de Palerme le 20 mai 1878; chanté par Cardinale, Farina, Talamanca, Mme d'Orelli.

MOUSQUETAIRES AU COUVENT (LES), opéra-comique en trois actes, livret de MM. P. Ferrier et J. Prevel, musique de M. Louis Varney, représenté au théâtre des Bouffes le 16 mars 1880. La pièce est un arrangement de celle de Saint-Hilaire et Duport, *l'Habit ne fait pas le moine*, jouée en 1835 avec la musique de Doche et Thys. Toute cette menue monnaie du *Comte Ory* a toujours cours. Deux mousquetaires se sont affublés du froc de deux capucins, qui ne sont eux-mêmes que des conspirateurs déguisés en moines, pour pénétrer dans un couvent où se trouvent deux jeunes filles qu'ils aiment pour le bon motif. Après maint incident qu'il est facile de deviner, ces deux mousquetaires bénéficient de la découverte de la conspiration, et, au lieu d'être punis, sont récompensés de leur escapade en obtenant d'épouser leurs jeunes maîtresses. Il y a dans cette pièce un curé que les auteurs, qui ne respectent rien, ont appelé Bridaine et qui égaye l'assistance de ses lazzis de mauvais goût. La musique est agréable et offre quelques gracieux motifs, entre autres une ronde de paysans et le chœur des pensionnaires. Chanté par Frédéric Achard, Hillemans, Marcelin, Mme Bessati, Mlles Clary et Rouvroy.

MUERTE DE GARCILASO (LA), opéra espagnol en un acte, musique de M. Espinosa, représenté au théâtre Apollo, à Madrid, en janvier 1877.

N

MANON, L'HÔTELIÈRE DE L'AGNEAU D'OR, opérette allemande en trois actes, musique de Richard Genée, représentée au théâtre An-der-Wien, à Vienne, le 10 mars 1877.

NAPOLI DI CARNEVALE, opéra-bouffe en trois actes, musique de De Giosa, représenté au théâtre Rossini, à Venise, en février 1879.

NEBENBÜHLER (DIE) [les Rivaux], opéra comico-romantique en trois actes, musique de W. Freudenberg, représenté au théâtre de la Cour, à Wiesbaden, en février 1879.

NEGRIERO (IL), opéra-seria, livret de Auteri Pomar, musique de S. Auteri Manzocchi, représenté au théâtre du Lycée, à Barcelone, le 27 novembre 1878; chanté par Stagno, Moriami, Maini, Mme Rubini-Scalisi.

NÉRON, opéra en quatre actes, livret allemand traduit de la pièce française de M. Jules Barbier, musique de M. Rubinstein, représenté au Stadttheater de Hambourg le 1er novembre 1879. Cet ouvrage a une importance exceptionnelle, tant à cause du talent de son auteur que sous le rapport des proportions d'un si grand travail. Il comprend vingt rôles et dure plus de quatre heures. Si la satisfaction de l'auditeur subit quelques défaillances çà et là, il faut admettre des circonstances atténuantes. Il n'est donné qu'à trois ou quatre musiciens de génie par siècle d'avoir l'inspiration à jet continu ou de se servir des formes scientifiques de l'art avec un goût si sûr, qu'elles tiennent lieu de génie. Le poème est fortement conçu et fertile en situations dramatiques. L'empereur histrion poursuit de ses ardeurs criminelles une jeune fille nommée Chrysa. C'est une chrétienne. Elle a pour mère, à son insu, la courtisane célèbre Épicharis. Celle-ci la sauve du déshonneur. La fille convertit la mère à la foi chrétienne. Néron fait incendier Rome et fait accroire à la populace païenne que les chrétiens sont les auteurs de ce crime. Chrysa et Épicharis sont immolées avec des milliers d'innocentes victimes. Vindex, prince d'Aquitaine, qui aimait Chrysa, lève l'étendard de la révolte et, tout en vengeant la mort de sa maîtresse, va délivrer le monde du monstre qui l'opprime. Néron, en proie aux remords et assiégé de visions menaçantes, se fait donner la mort. Le premier acte et le troisième renferment les plus beaux morceaux. Dans le premier, on distingue le chœur des hôtes d'Épicharis, les strophes satiriques du poète Saccus et le chœur de femmes : Schmück Dich mit der tunika (Pare-toi de ta tunique), et des airs de ballet. Le troisième acte offre surtout comme dignes d'être admirés par les musiciens la prière de Chrysa, l'air du sommeil d'Épicharis et l'ode chantée par Néron en présence du lugubre spectacle de Rome incendiée. Il est à remarquer que la langue musicale des maîtres non contestés, c'est-à-dire celle de Mozart, de Beethoven, de Weber, de Rossini, de Meyerbeer, a inspiré M. Rubinstein plus heureusement, lorsqu'il y a eu recours, que celle de Berlioz et de Wagner, à laquelle il a fait de trop fréquentes concessions. Distribution : Néron, Winckelmann; Vindex, Krükel; Saccus, Landau; Chrysa, Mme Sucher; Épicharis, Mlle Borrée; Poppée, Mme Prochaska.

NÉVA (BÉNÉDICTION DE LA), scène lyrique, tirée du drame du Chevalier d'Éon, par M. de Lescure, musique de M. Adolphe Nibelle, exécutée au palais du Trocadéro le 10 octobre 1878. Tous les ans, le 6 janvier, jour de l'Épiphanie, le clergé russe métropolitain, en présence du czar, de l'armée et du peuple, bénit les eaux encore glacées de la Néva pour conjurer les désastres de la débâcle et des inondations. Cette scène se compose de plusieurs morceaux: l'hymne national russe, le chœur des popes, un chœur populaire, une prière et un finale à double orchestre : Dieu, garde en ta bonté. Les soli ont été chantés par M. Lauwers,

Cet ouvrage a été aussi exécuté avec succès à Orléans.

NICOLO DE' LAPI, opéra-seria, livret de M. Piato, musique de Gammieri, représenté au Théâtre-Italien de Saint-Pétersbourg le 6 décembre 1877.

NISIDA, opérette en trois actes, livret de MM. Vest et Fell, musique de M. Richard Genée, représentée au Carltheater de Vienne le 9 octobre 1880.

NIXEN MADCHEN (das) [*l'Ondine*], opéra allemand, musique du comte Rodolf Spoeck, représenté au Landestheater de Prague en février 1877.

NOCES DE FERNANDE (les), opéra-comique en trois actes, livret de MM. V. Sardou et E. de Najac, musique de M. Louis Deffès, représenté à l'Opéra-Comique le 19 novembre 1878. Le compositeur a eu la mauvaise fortune de traiter un sujet mal conçu, embrouillé, peu sympathique et de dépenser inutilement un talent consommé et des inspirations pleines de verve et de grâce. La pièce se passe en Portugal et est du plus mauvais goût. Un infant quelconque a pour précepteur un ex-pâtissier, nommé Ridendo, avec lequel il se livre pendant trois actes aux plus invraisemblables extravagances. Fernande doit épouser dom Henrique. L'infant va lui donner une aubade, le matin de son mariage; il y gagne un coup d'épée que lui porte le fiancé. Un capitaine des gardes, nommé Arias, intervient; lui aussi est amoureux de Fernande. Dom Henrique prend la fuite et Fernande est enfermée dans un couvent; mais la clôture est si peu sévère, que tout le monde y entre comme dans un moulin. Bref, l'infant et son digne précepteur revêtent toutes sortes de déguisements; les coq-à-l'âne se succèdent, l'aventure tourne au tragique. Arias est tué par les assassins qu'il avait apostés pour se défaire de son rival dom Henrique, et Fernande peut enfin célébrer tranquillement ses véritables noces. De pareils livrets sont trop facilement acceptés, au grand désavantage d'un compositeur de mérite. On a remarqué beaucoup de motifs dans le style rhythmique de la musique espagnole, l'air de l'infant : *Nuit d'amour et de plaisir*, chœur d'alguazils, sérénade d'Henrique, couplets de la *jota* et une très jolie marche nuptiale au troisième acte. Chanté par Engel, Morlet, Barnolt, Bernard, Collin, Davoust, Mme Galli-Marié, Mlles Chevrier et Decroix.

NOCES D'OLIVETTE (les), opéra-comique en trois actes, livret de MM. Chivot et Duru, musique de M. Edmond Audran, représenté aux Bouffes-Parisiens le 13 novembre 1879. La pièce est un enchevêtrement inénarrable de quiproquos, de travestissements et a pour acteurs des personnages ridicules, depuis le duc des Ifs jusqu'à l'Écureuil, Moustique et Mistigris. La musique est faible et offre peu d'inspiration mélodique; cependant on peut signaler quatre morceaux intéressants : le chœur de jeunes filles, *Vous savez ce qu'on dit*; la romance de la comtesse, *Comme une sœur, chère Olivette*; le boléro *Nous nous rendrons à Perpignan*, qui est fort agréablement tourné; le quatuor *des rires*, qui par sa gaîté répond à son titre. Cet ouvrage n'est bel et bien qu'une opérette; il suffirait, pour le prouver, de citer les *Couplets des grilles*, chantés au début par la jeune et égrillarde pensionnaire Olivette. Distribution : A. Jolly, Marcelin, Gerpré, Desmonts, Pescheux, Bertelot, Mmes Bennati, Clary, Rivero, Becker, Bouland, Gabrielle.

NORDLICHT VON KAZAN (das) [*l'Aurore boréale de Kazan*], opéra allemand en quatre actes, livret de Paul Krone, musique de Carl Pfeffer, représenté au Stadttheater, à Leipzig, le 29 août 1880. Cet ouvrage n'a pas été bien accueilli.

NOTTI ROMANE (le), opéra-seria, musique de Burgio di Villafiorita, représenté à Adria le 27 août 1880. On a entendu dans cet ouvrage Mlle Barberina d'Ariis, née comtesse Savorgnan.

NUIT DE MAI (la), opéra comico-fantastique en trois actes, livret tiré d'un conte populaire de Gogol, musique de Rimsky-Korsakoff, représenté au théâtre Marie, à Saint-Pétersbourg, le 20 janvier 1880; chanté par Strawinsky, Lodi, Eude, Melnikoff, Soboleff, Mmes Bitchourina, Plawina, Wielinskaia. Le style de l'auteur se rapproche un peu de celui de Dargomijski, regardé comme le représentant autorisé de l'école russe moderne, laquelle est imbue plus qu'il ne faudrait des idées wagnériennes.

NUIT DE SAINT-GERMAIN (la), opéra-comique en trois actes, livret de MM. G. Hirsch et de Saint-Arromand, musique de G. Serpette.

Le sujet de la pièce peut se résumer en ceci : Un jeune gentilhomme est préservé par une roturière des vengeances d'une grande dame dédaignée par lui. Des épisodes ingénieux et des mots spirituels ont ajouté de l'attrait à cette donnée un peu banale. On a remarqué un duo au second acte, le chœur des estafiers au troisième. Chanté par Puget et Mlle Aimée.

O

OBER-AMMERGAU (REPRÉSENTATIONS DÉCENNALES DE LA PASSION DE NOTRE-SEIGNEUR DANS LA VILLE DE). Ce mystère a été représenté en mai, juin, juillet et août 1880, par séries durant plusieurs jours, sur un théâtre à ciel ouvert et devant une foule immense de spectateurs. Le texte a été rédigé par un chanoine d'Ettla et revisé par le curé de village, M. Deisenberger, vieillard centenaire. La musique a été composée, il y a quatre-vingts ans environ, par un maître d'école d'Ober-Ammergau. Ces spectacles, appelés *Passionsspiele*, étaient fréquents autrefois, et ce n'était pas seulement de l'autre côté du Rhin qu'on les donnait. En Lorraine, dans les Vosges, il en reste des fragments ; mais, en Espagne, il n'y a pas d'année où des troupes ambulantes ne donnent des représentations de la Passion. J'ai assisté à l'une d'elles, dans la petite ville de Figueras. Elles remontent, sous cette forme populaire, au XVe siècle, à l'époque où les clercs de la basoche, les confrères de la Passion et de la Mère-Sotte exploitaient ce genre de spectacle, en mêlant à des faits de l'ordre religieux les grossières inventions de leur imagination déréglée. Tout cela est curieux, mais ne mérite pas le nom d'œuvres d'art. Il faut remonter beaucoup plus haut pour trouver les sources pures d'un art à la fois dramatique, musical et littéraire. Ce sont ces origines que j'ai fait connaître, à une époque où l'on s'occupait peu de ces choses, en publiant dans les *Annales archéologiques*, à partir de 1847, la série de mes études sur les *Drames liturgiques* des XIIe et XIIIe siècles, d'après les manuscrits, études réunies en 1860 dans une *Histoire générale de la musique religieuse*, et qui, je crois, ont servi de point de départ à des travaux analogues. Je saisis cette occasion qui m'est offerte pour établir, une fois de plus, la différence qui existe entre les *mystères* et les vrais *drames liturgiques*, ceux que j'ai publiés, d'où j'ai tiré tant de belles séquences, entre autres les chants connus sous le nom de *Chants de la Sainte Chapelle*, que j'ai offerts enfin avec confiance à l'admiration des amateurs des arts élevés.

OFFICIERS DE L'IMPÉRATRICE (LES), opéra allemand, livret de Wichert, d'après une nouvelle russe de Sacher-Masoch, musique de Richard Wüerst, représenté à l'Opéra-Royal de Berlin le 21 janvier 1878. Chanté par M. Krolopp, Mlles Lehmann, Grossi, Horina.

OIES DE FRÈRE PHILIPPE (LES), opéra-bouffe en trois actes, livret de M. Édouard Duprez, musique de M. le marquis de Colbert-Chabannais, représenté sur le théâtre Duprez, en 1872.

ONOMASTICO DI NINA (L'), opérette italienne, musique de G. Trebbi, représentée à Bologne, en février 1878, sur un théâtre de société.

OPOPONAX (L'), opérette, livret de MM. Nuitter et Busnach, musique de M. Vasseur, représentée aux Bouffes-Parisiens le 2 mai 1877 ; chantée par Mme Berthe Stuart.

ORAGE (L'), opéra-comique en un acte, livret de M. Armand Silvestre, musique de M. John Urich, compositeur anglais, représenté au théâtre de la Monnaie, à Bruxelles, en mai 1879. On a reconnu des qualités à cet ouvrage, et une romance de basse a été remarquée.

ORFANELLA DI GAND (L'), opéra-comique italien, musique de Ottavio Bazzino, représenté à Modène, au théâtre Aliprandi, le 13 mars 1880 ; chanté par Villani, Schulz, Pinicorsi, Mmes Bonner et Nistri.

ORFANELLE (LE), opérette italienne, livret de Calenzoli et Lastrucci, musique de E. Dechamps, représenté à l'Istituto Zei le 19 mars 1879 ; chantée par les élèves de l'institution.

P

PAILLE D'AVOINE, opérette, musique de M. Planquette, représentée au théâtre de la Porte-Saint-Denis le 13 octobre 1877; chantée par Mme Matz-Ferrare.

PAIN BIS (LE), opéra-comique en un acte, livret de M. A. Brunswick et de Beauplan, musique de M. Théodore Dubois, représenté à l'Opéra-Comique le 26 février 1879. L'idée n'est pas neuve. Daniel le brasseur est entretenu par sa femme Charlotte dans une oisiveté complète, de peur qu'il ne lui arrive de quitter ses jupons, tandis qu'elle fait tout l'ouvrage de la maison. Sa servante, une Liloise, traite autrement Séraphin, son amoureux; elle se croise les bras et fait suer sang et eau le pauvre garçon. Daniel s'ennuie et fait la cour à la servante. Pour lui plaire, il subit tous ses caprices, tire les seaux d'eau, porte le bois, etc. Charlotte s'aperçoit de sa fausse manœuvre et, après une explication conjugale assez orageuse, remet les rôles à leur place. Tout cela est, en somme, assez vulgaire. La musique est travaillée et offre une quantité de détails ingénieux et élégants, sans toutefois faire preuve d'une inspiration soutenue. L'instrumentation joue un rôle trop prépondérant. On peut signaler l'air de Daniel, *J'ai pour femme un trésor*, et le quatuor final. Chanté par Barnolt, Fugère, Mlles Ducasse et Chevalier.

PANURGE, opéra-comique en trois actes, livret de MM. Clairville et Gastineau, musique de M. Hervé, représenté aux Bouffes-Parisiens le 10 septembre 1879. Toute la pièce roule sur les maris trompés, pour arriver à montrer le sacripant Panurge faisant assez bon ménage avec la ribaude Phœbé pour échapper aux représailles que Grippeminaud, gouverneur de Beaugency, voudrait lui faire subir. Cette pièce abonde en gauloiseries de mauvais goût, comme le comporte tout sujet tiré de Rabelais; d'ailleurs, elle n'a pas mieux réussi que les autres pièces ayant même origine. Labarre était un musicien d'une autre valeur que M. Hervé, et cependant son *Pantagruel* est tombé à plat (voyez page 560).

Il suffirait de transcrire ici les couplets de Panurge, *Ce mari comme de coutume*; ils inspireraient au lecteur une répulsion salutaire pour tout mélange de choses religieuses et respectables en soi avec les graveluses trop nombreuses dans ce genre de pièces. Il y a dans la partition des pages mélodiques très agréables. Je citerai : le duetto *Maries-vous, ne vous mariez pas*; les couplets *On peut dire et médire de la vie à deux*; la romance de Panurge, *Moi, vagabond, seul sur la terre*, d'un excellent sentiment, qu'on s'étonne de trouver dans un tel personnage; les *Strophes à l'amour*, mélodie gracieuse et poétique, même sur des paroles d'un libertinage grossier. Ce qui a été le plus applaudi le méritait le moins : ce sont les couplets des moutons de Panurge, la valse chantée par Phœbé la ribaude et la ronde des maris de Beaugency. Chanté par Mmes Bennati, Luther, Lynès, Rivero, Becker, MM. Arsandaux, A. Joly, Pamard, Desmonts, Pescheux, Lespinasse, Berthelot.

PÂQUES FLEURIES, opéra-comique en trois actes et quatre tableaux, livret de MM. Clairville et Delacour, musique de M. P. Lacome, représenté aux Folies-Dramatiques le 21 octobre 1879. Ramon de Navarrins s'oppose au mariage de sa fille avec le capitaine Roger de Marsan et veut la marier au général espagnol don Diego. Une paysanne basque, la Malta, et Riquet, son amoureux, favorisent les rendez-vous des jeunes gens. On est en temps de guerre. Selon l'usage, la fête de Pâques fleuries est un jour de trêve. Le général en profite pour se marier avec Irène de Marsan. Mais au moment de la cérémonie, la Malta fait rompre la trêve; le général s'empresse de retourner à son poste et l'union des deux amants s'ensuit.

Sur ce livret d'une naïveté excessive, M. Lacome s'est donné la peine d'écrire une partition sérieusement travaillée et de faire valoir chaque scène avec esprit et délicatesse. Je signalerai surtout le duo de Malta et Riquet suivi d'un joli quatuor, le rondeau de Pâques fleuries et des airs de danse assez caractérisés. Cet ouvrage est çà et là entaché de couplets d'un goût douteux. Chanté par Lepers, Simon-Max, Luco, Maugé, Gabel, Vavasseur, Mme Simon-Girard, Mlle Monthy.

PARISINA, opéra-seria, livret de Romani, musique de T. Giribaldi, représenté au théâtre Solis, à Montevideo, le 14 septembre 1878; chanté par Balterini, Cottone, Augier, Mmes Singer, Avalli.

PATRIA, opéra-seria, livret de Pagavini, musique de E. Bernardi, représenté au théâtre Sociale de Lodi le 5 février 1879; chanté par Pizzorni, Greco, Meneghello, Mmes Colombo, Welmi.

PAUL ET VIRGINIE, opéra en un acte, livret et musique de M. Denis Robert, représenté au théâtre de Port-Louis (île Maurice) le 30 octobre 1878. Ce petit ouvrage a été orchestré par M. Laban.

PAZZA DELLA REGINA (LA) [la *Folie de la reine*], opéra-seria, musique de G. Duprez, représenté dans la salle Pierre Petit en 1877; chanté par les élèves du célèbre et excellent professeur.

PECORELLA SMARRITA (LA), opérette italienne, musique de Furlanetto, représentée au théâtre Convitto Marco Foscarini, à Venise, en janvier 1877.

PELLE DI LEONE (*Peau de lion*), opéra-buffa, musique de N. Gialdi, représenté au Politeama Reinach de Parme le 7 mai 1879; chanté par Candio, Bellincioni, Mmes Ferri, Cellini-Azzoni.

PEPITA, opéra-comique en deux actes, livret de MM. Nuitter et J. Delahaye, musique de M. L. Delahaye fils, représenté à l'Opéra-Comique le 13 juillet 1878. La pièce, mouvementée, gaie, spirituelle, est dans le véritable ton de l'opéra-comique, et si la partition eût été au diapason du poème, l'ouvrage aurait réussi et serait resté peut-être au répertoire; mais l'écart était trop grand et Pépita a vécu! Un bourgeois de Gibraltar nommé Quertinos a deux nièces à marier dont l'une, Hermosa, touche à la maturité et l'autre, Pepita, est recherchée par de nombreux prétendants. Quertinos entend marier l'aînée qui est d'un placement difficile, parce qu'en ajournant les amoureux toreros, il reçoit de chacun d'eux des cadeaux multipliés, destinés à obtenir ses bonnes grâces.

Un jeune officier de marine, sir George Williams, brusque la situation; il envoie un billet à la señora Pepita, dans lequel il lui propose de la conduire chez son oncle. C'est Hermosa qui reçoit la lettre et s'en attribue le contenu. Les deux sœurs quittent la maison de leur tuteur et vont s'installer chez l'oncle Williams, où ne tardent pas à se rendre les toreros, les autres personnages et l'alcade en personne. Pepita et Hermosa se déguisent en servantes, mais sont bientôt reconnues. L'alcade constate deux enlèvements au lieu d'un. Que faire? appliquer la loi espagnole et enjoindre à sir George d'épouser l'aînée. Quertinos va lire l'extrait de naissance d'Hermosa, qui le lui arrache et le détruit; Pepita est proclamée l'aînée, malgré toute apparence. Le mariage est décidé avec celui qu'elle aime et le bon oncle Williams console la fille majeure, Hermosa, en lui offrant sa main. Un dialogue animé et quelques bonnes plaisanteries ont rendu cette pièce intéressante. On n'a remarqué dans la musique que l'ouverture, assez travaillée, l'air de l'alcade et les couplets de l'un des toreros, Valmaseda. Chanté par Nicot, Fugère, Davoust, Bernard, Mlles Ducasse et Godefroy.

PETIT DUC (LE), opéra-comique en trois actes, livret de MM. Henri Meilhac et Ludovic Halévy, musique de M. Charles Lecocq, représenté au théâtre de la Renaissance le 25 janvier 1878. Cet ouvrage est, au point de vue musical, le meilleur dû à la *musa pedestris* de l'auteur de la *Fille de Mme Angot*. La pièce est amusante. Le duc Raoul de Parthenay a dix-huit ans. Il a épousé le matin même une charmante jeune fille qu'il aime. Mais, sur l'ordre du roi, les jeunes gens doivent se séparer le jour même et attendre quelque temps encore la consommation du mariage. La duchesse est envoyée à Lunéville au couvent des jeunes filles nobles et le petit duc devra achever son éducation sous la direction de son précepteur, le sieur Frimousse, et de son gouverneur militaire, le capitaine Montlandry. Les deux jeunes époux protestent contre cette séparation, car ils s'aiment tendrement. Parthenay, qui est né colonel, laisse là livres et précepteur, monte à cheval, se met à la tête de son régiment et va à Lunéville.

Le second acte se passe dans le couvent des demoiselles nobles. Le bouillant petit duc veut en faire sortir de force sa femme, menace de donner l'assaut au pensionnat. Mais on entend gronder le canon, et Mme Diane de

Château-Lansac, la directrice, persuade à Parthenay qu'il a autre chose à faire que de mettre à sac un couvent. Le petit duc court à l'ennemi, se couvre de gloire et obtient du roi, en récompense de sa bravoure, de devenir le mari de sa femme. On voit combien l'intrigue est faible; mais dans l'état actuel de l'art théâtral lyrique, cela importe peu, car ce cadre est rempli de petites scènes épisodiques et de couplets écrits pour les interprètes jouissant de la faveur du public. Petite querelle entre les pages et les demoiselles d'honneur, chœur d'officiers, le boute-selle, la leçon de chant, rondeau de la paysanne, idylle, chœur de dragons, chansons du petit bossu, du mot d'ordre, de l'épée sont autant de hors-d'œuvre très faiblement reliés à l'action. Selon les circonstances et le jeu des acteurs, ces pièces peuvent avoir un succès de vogue et d'argent, mais elles manquent de l'élément vital qui assure une destinée durable. Il y a beaucoup de choses à louer dans la partition : l'entrée et les couplets des pages, une gavotte, le duo du duc et de la duchesse : *C'est pourtant bien doux, je vous aime!* les couplets de la *Petite femme*, la *Leçon de chant*, dans laquelle on regrette de trouver des effets burlesques que M. Lecocq aurait dû laisser à M. Offenbach : *Mais la soup... mais la soupçonner, quelle peine!* l'ensemble et les couplets de Montlandry, le *Rondeau de la paysanne*, la marche de la ronde *Pas de femmes* et les couplets de l'épée. Cet ouvrage a été chanté par Mmes J. Granier, Desclauzas, Mily-Meyer, Léa d'Asco, Piccolo, Panseron; MM. Vauthier, Berthelier, Urbain, etc.

PETITE MADEMOISELLE (LA), opéra-comique en trois actes, livret de MM. Meilhac et Ludovic Halévy, musique de M. Ch. Lecocq, représenté au théâtre de la Renaissance le 12 avril 1879. Le succès toujours croissant des opérettes du genre burlesque depuis vingt ans oblige les auteurs à de grands efforts pour en trouver de nouvelles. Au nombre de leurs inventions récentes figurent les cocasseries historiques. Prendre pour cadre un des faits de notre histoire nationale, le remplir avec une mise en scène très soignée, presque exacte, des décors et des costumes d'une fidélité relative, faire servir tout cela à la représentation de bouffonneries sans nom débitées dans le langage le plus bas et le plus plat, c'est là un piquant contraste, un assaisonnement offert au public qui dispense du goût littéraire et de l'art dramatique; car on

ne peut donner le nom d'art à une juxtaposition de scènes décousues où l'imprévu est la règle, l'invraisemblance l'élément du succès. Le premier acte se passe aux avant-postes de l'armée royale, devant Paris, en 1652; le deuxième à l'hôtel de ville, le troisième à l'hôtel Cameroni. La jeune comtesse Cameroni, veuve d'un mari vieux et infirme, est sollicitée par Mazarin d'épouser le frère jumeau de ce vieillard. Elle embrasse le parti de la Fronde tout aussi bien que la grande Mademoiselle, équipe une troupe à ses frais et intrigue avec l'Espagne. Mais elle veut entrer dans Paris pour mieux lutter contre Mazarin. Elle se munit du passeport d'une certaine Mme Douillet, femme d'un notaire d'Angoulême, chez qui les officiers de la garnison trouvaient facilement bon souper, bon gîte et le reste. La réputation de Mme Douillet s'était répandue jusque sous les murs de Paris, car, à la vue du passeport, les galants officiers entourent la comtesse et veulent la retenir. Celle-ci appelle à son aide le capitaine de Manicamp qui, la trouvant charmante, en devient sérieusement amoureux. La comtesse profite de cette passion subite pour obtenir de lui d'entrer dans Paris. Cet acte est émaillé de scènes burlesques; des bourgeois, en jouant aux boules, se sont aventurés trop loin et ont été faits prisonniers; leurs femmes viennent au camp les réclamer. L'un d'eux chante la *chanson du cocksuant* que le public a trouvée de son goût; la légende du notaire d'Angoulême et les couplets de Mme Douillet ont été également remarqués. Pendant le second acte la comtesse, cachée sous le nom de Trompette chez sa sœur de lait, Mme Taboureau, cabaretière, soutient les frondeurs et les paye. Le capitaine Manicamp l'a suivie, déguisé en garçon charcutier, et se cache à son tour chez la tripière Madelon. La bataille s'engage; Manicamp va rejoindre les royalistes; la petite Mademoiselle fait élever des barricades que Manicamp attaque et escalade. La comtesse est faite prisonnière. C'est dans cet acte que se trouvent les intermèdes les plus bouffons et d'un réalisme de parti pris qui plaît à beaucoup de gens. Il paraît qu'on aime voir la comtesse Cameroni, qui joue un rôle politique, crier aux buveurs qui appellent *la fille? la fille?* : *Eh ti! la fille, la voilà! Pas besoin de crier comme ça!* Il paraît qu'il est agréable d'entendre chanter à une tripière : *Quand le cervelas va, tout va! Je n'connais qu'ça*. Le septuor de la conspiration a été traité en charge et le musicien a rappelé, en les parodiant, quelques passages du septuor des *Huguenots* :

Demain dîne, demain à l'hôtel de ville
Nous y serons cent, nous y serons mille,
Tout ce que Paris a de filoutiers,
De coupeurs de bourses et d'aventuriers,
Les gueux, les filous, toute la racaille.
Nous les pousserons tous à la bataille ;
     Nous les tambours,
     Les ameuteurs,
Et par ce moyen nous réussirons.
Et là-dessus, Dieu nous assiste,
     Bien qu'il soit triste
D'user de moyens violents,
Dieu soit pour nous et favorise,
     Dans cette crise,
La caisse des honnêtes gens.

Des rhythmes anciens et populaires, des timbres de la Clef du caveau fournissent au musicien, pour ces nombreux couplets d'opérette, des passe-partout utiles ; ici c'est la *Faridondaine*, ailleurs c'est une autre chanson. Une scène, comique à cause même de sa platitude, est celle dans laquelle la tripière harnache son mari pour la patrouille :

Prends garde au froid, prends garde au chaud.

Il y a là un souvenir de la garde nationale assez exact.

Les meilleurs morceaux, au point de vue de la comédie musicale, sont les couplets de Trompette et Lambin et ceux de Trompette. La comtesse, déguisée en servante, arrose à ses frais les gosiers des émeutiers et leur chante cette drôlerie, qui a eu un succès de fou rire et de bon aloi :

Notre patron, homme estimable,
Voyant l'état où se trouve Paris,
Veut qu'une diminution notable
Soit faite aujourd'hui dans les prix.
Tant qu'durera la crise politique,
Par ma voix il vous avertit,
Qu'à tous ceux qui boiv'ront, sa boutique
Va rester ouvert' chaqu' nuit.
Et qu'avec ça, ça n'est pas tout,
Et qu'avec ça, j'suis pas au bout,
Et qu'avec ça, v'là la merveille,
Et qu'avec ça l' prix d'la bouteille
Ça n's'ra pas vingt sous, ça n's'ra pas dix sous,
Ça n's'ra pas cinq sous, ça n's'ra pas deux sous,
Ça s'ra, ça s'ra ce que chacun voudra.

A la fin de l'ouvrage l'actrice, s'adressant au public, lui annonce dans une variante :

Que pour voir la p'tit' demoiselle
     Ça n's'ra pas vingt sous,
     Ça n's'ra pas dix sous, etc.
Ça s'ra beaucoup plus cher que ça !

Et en effet cette opérette, pendant le premier mois de ses représentations, a fait encaisser au théâtre de la Renaissance la somme de 139,123 francs ; ce qui donne une moyenne de 4,600 francs de recette quotidienne.

La mazarinade qui sert de thème au finale est commune. La comtesse a été conduite dans l'hôtel Cameroni, où elle doit épouser le préféré de Mazarin. Grâce aux manœuvres du cabaretier Taboureau et de Manicamp, elle échappe à un mariage odieux et finit par épouser son capitaine.

Les morceaux les mieux accueillis sont les couplets de Jacqueline, *Jeunes et vieux*, le motif joué par les petits violons, et le virelai de la comtesse, *Arrivé dans Bordeaux*. Les principaux interprètes de cet ouvrage ont été : Mmes J. Granier Desclauzas, Mily-Meyer, MM. Berthelier, Gauthier, Urbain, Lary, Libert. L'habitude d'écrire a donné à M. Ch. Lecocq une souplesse et une dextérité qui lui font suivre les paroles presque à la lettre, comme accent et comme rhythme. En sa qualité de bon harmoniste, il sait faire tomber la parole et la bonne note sur l'accord avec précision. Il en résulte pour l'auditeur une satisfaction un peu commune, mais qui répond bien à son degré de culture musicale. C'est de l'art à la hauteur de l'idée qu'on se fait de la musique dans le haut et petit commerce, chez les gens oisifs ou occupés qui ne demandent qu'à se distraire. Les amateurs d'art et les gens de goût n'ont rien à voir dans ce genre de plaisir, dont le plus grand mérite est d'être lucratif pour ceux qui le cultivent.

PETITE MUETTE (La), opéra-comique en trois actes, livret de M. Paul Ferrier, musique de M. Gaston Serpette, représenté aux Bouffes-Parisiens le 3 octobre 1877. L'auteur a imaginé une pièce aussi invraisemblable que compliquée. Mercédès est devenue muette le jour de son mariage avec le vieux seigneur José d'Albatros. Le docteur Cacomillas déclare que la jeune femme ne recouvrera la parole que sous l'influence de l'amour. Le colonel de dragons Raphaël apporte à don José le brevet de lectrice de l'infante accordé par le roi à la marquise. Malgré l'embarras où cet honneur jette les habitants du château, on part pour la cour. Le colonel sait pendant le voyage rendre la parole à la petite Muette. Alors, pour expliquer au mari un prodige aussi surprenant, l'auteur de la pièce n'a trouvé d'autre moyen qu'un coup de canon, qui sauve les jours du roi et fait de don José d'Albatros le plus heureux des favoris et le plus ridicule des maris. De telles élucubrations sont peu propres à relever l'art dramatique et encore moins l'art musical. M. Serpette a dépensé plus de savoir-faire et d'habileté technique que de goût dans cet ouvrage. La première partie de l'ouverture est agréable; la fin en est commune. Les morceaux les mieux faits au point de vue musical sont : le chœur des vétérans, le duo de Raphaël et duo *Je t'* : *Lisez*, nous sommes en *famille* ; une habanera, le chœur, *Buvons*, la chanson militaire, une aubade, déjà entendue dans l'ouverture, et la chanson finale de Polichinelle, bee par Mercédès à la petite infante, qui est franchement gaie. Afin de rendre la musique plus animée, les auteurs de ces opérettes abusent des effets syllabiques. Chanté par Dasbray, Jolly, Minart, Jeannin, Scipion, Mazaire, Dubois, Vinckes, Rivet; Mmes Peschard, Théo, Luce, Descot, Biot.

PÉTRARQUE, opéra en cinq actes et six tableaux, livret de MM. Hippolyte Duprat et J. Dharmenoz, musique de M. Hippolyte Duprat, représenté pour la première fois à Paris le 11 février 1880, au théâtre de l'Opéra-Populaire. (Voyez la notice précédente, page 847.) Le public parisien, subissant l'influence des sectaires de la mélopée italienne et à bidule, s'est montré de parti pris intolérant envers cet ouvrage conçu dans la forme des opéras italiens de Donizetti et de Mercadante. On ne saurait nier qu'il y ait des réminiscences dans cet opéra de *Pétrarque*; mais il renferme de fort beaux fragments d'une inspiration réelle : tels sont le second duo du troisième acte, la romance de Pétrarque en présence de la tombe de Laure, et, dans un tout autre genre, la farandole, dont la mélodie est aussi franche que l'effet scénique en est charmant. La longueur démesurée de la partition a nui certainement à l'effet de la représentation à Paris. On l'a allégée un peu; mais pour sauver le navire, on ne doit pas hésiter à jeter par-dessus le bord les fardeaux les plus pesants. Ce n'est pas à l'égard du compositeur que la critique pourrait se montrer aussi sévère, mais bien envers les librettistes qui ont altéré, en le vulgarisant, cet amour platonique dont les grands poètes seuls sont susceptibles, qui leur fait tant d'honneur et qui entoure d'une chaste auréole le front de celles qui ont su l'inspirer.

Il me semble qu'il n'était pas nécessaire, pour exciter l'intérêt, de transformer en une maîtresse ordinaire la belle Laure de Noves, cette vertueuse mère de famille, *crebris partubus fessa*, a dit d'elle Pétrarque lui-même.

Les auteurs se sont ainsi privés de l'élément qui donne le plus de force à une œuvre lyrique ou dramatique, le caractère. Sans le caractère spécial de cette passion, Pétrarque n'aurait pas consacré à l'immortalité de Laure ses 318 sonnets et 88 canzone. Ces relations platoniques ne se sont jamais démenties et on en trouve encore la marque dans le dernier poème que lui inspira son tombeau et qui commence ainsi :

Qui riposa quei conti et felici sono
là quali ainsi goûta et sola in terra.

L'opéra de *Pétrarque* a été chanté à Paris par MM. Warot, Plançon, Doyen ; Mmes Perlazi et Jaunay.

PICCOLO DUCA (IL) [*le Petit duc*], traduction italienne de l'opérette de M. C. Lecocq, représentée au théâtre Filodrammatico de Trieste en mars 1889.

PIERRE BOHM, opéra allemand, musique d'Oscar Bolck, représenté au théâtre de Leipzig en septembre 1879.

PIERROT ET FOLIE, opéra-comique en un acte, livret de M. Liesse, musique de M. A. Lagye, représenté aux Fantaisies-Parisiennes, à Bruxelles, le 8 mars 1878.

PINAFORE (H. M. S.) [*le Pinafore, vaisseau de Sa Majesté*], opéra-comique anglais, musique de M. Arthur Sullivan, représenté à l'Opéra-Comique de Londres en juin 1878.

PIRATES DE PENZANCE (LES), opérette anglaise, paroles de Gilbert, musique de Arthur Sullivan, représentée au théâtre de Covent-Garden, à Londres, en avril 1880.

PISA E GLI STUDENTI, opérette italienne, musique de E. Marietti, représentée au théâtre Nuovo, de Pise, en février 1879.

POLYEUCTE, opéra en cinq actes, livret de MM. Jules Barbier et Michel Carré, musique de M. Ch. Gounod, représenté à l'Opéra le 7 octobre 1878. Les sujets religieux dans lesquels la foi profonde et résolue jusqu'au martyre est l'élément capital ne réussissent jamais au théâtre, quel que soit le mérite et les talents qu'y déploient les auteurs. Le génie de Corneille a triomphé sans doute des difficultés du sujet chrétien, en forçant le spectateur à admirer de belles pensées et des vers sublimes ; cependant, au point de vue dramatique, le *Cid*, *Horace*, *Cinna*, ont été moins contestés à l'origine que *Polyeucte*. Le *Martyre de saint Genest*, de Rotrou, renferme des passages admirables; néanmoins cette tragédie n'a pu rester au répertoire. Pour que ces pièces, chrétiennes par le sujet, sinon par l'objet et l'intention, ne perdent point de leur caractère et de leur effet, il faudrait qu'elles fussent représentées en dehors de l'Opéra; je ne vais pas jusqu'à dire que l'oratorio soit la seule forme qui leur convienne; on peut parfaitement représenter une tragédie lyrique sacrée ailleurs qu'à l'Opéra et à l'Opéra-Comique. Le voisinage des idées profanes écarté, tout ballet voluptueux banni, le spectacle des passions humaines contenu dans des limites qui laissent à la vertu son prestige et son charme, voilà des conditions essentielles au succès d'une pièce dont le sujet est chrétien. Si les auteurs de ce temps-ci considèrent et veulent qu'on considère le christianisme comme une mythologie, il n'y a plus rien à leur objecter : ils sont dans la logique de leurs opinions. Mais nous n'en sommes pas là, et les sentiments de religion sont encore trop délicats pour qu'on prenne plaisir à voir conférer le baptême sur les planches de l'Opéra, où se produiront, quelques instants plus tard, dans les poses les plus voluptueuses, les demoiselles du corps de ballet. La tragédie de Corneille a dû être très modifiée par les librettistes. Le proconsul Félix ne se convertit point. Il devient donc le bourreau de sa fille Pauline et de son gendre; ce fait est, à lui seul, plus tragique que celui d'Agamemnon sacrifiant Iphigénie, que celui de Brutus condamnant ses fils à mort, et, dans l'opéra, Félix n'est qu'un personnage secondaire. Néarque, l'auteur de la conversion de Polyeucte, est massacré sur la scène, tandis que Polyeucte et Pauline, sur lesquels ont dû se concentrer l'intérêt, ne meurent que derrière la toile. Les auteurs ont sans doute eu leurs raisons pour traiter ainsi leur livret, et les erreurs dans lesquelles ils sont tombés témoignent de l'impossibilité de faire un opéra avec le sujet de Polyeucte. Le livret de Scribe, mis en musique par Donizetti, était de beaucoup meilleur et n'a pas réussi non plus. Quant à la forme, il n'y a que des éloges à en faire. Les vers de M. Jules Barbier sont très beaux et très lyriques. Les stances de Corneille, « source délicieuse, en misères féconde, » ont été conservées; elles sont chantées par Polyeucte dans la prison. La partition n'a pas d'ouverture. Un prélude expose quelques-uns des motifs du deuxième acte et du cinquième. Le premier morceau important est le duo dans lequel Pauline exprime à Polyeucte les pressentiments que lui suggère un songe; elle le prie de ne pas la quitter au moment où on annoncera le retour de Sévère, qui devait l'épouser et qu'on avait cru mort. En effet Sévère, vainqueur des Perses, fait une entrée triomphale dans Mélitène. Toute cette scène a de la grandeur et le quatuor est à la hauteur du sujet. Les fragments les plus saillants dans le second acte sont le duo de Pauline et Sévère, où se trouve une phrase charmante : « Soyez généreux; » la barcarolle chantée par Sextus; le choral des chrétiens; la scène du baptême chantée par Siméon, très froide à l'Opéra, mais d'une inspiration élevée. Dans le troisième acte, on a applaudi la cavatine de Sévère, *Pour moi, si mes destins*. La fête païenne est très brillante, variée, très développée, et on peut dire que c'est la partie de l'ouvrage à laquelle les spectateurs de l'Opéra, dans son état actuel, s'intéressent le plus. Les danses agrestes, guerrières, voluptueuses et dionysiaques se succèdent; marche lente, pastorale, pyrrhique, bacchanale, toutes les ressources de l'art chorégraphique sont employées, et même, par un anachronisme qui aurait dû être évité, M. Gounod s'est laissé entraîner à y mêler une valse, une mazurka et une tarcatelle. La scène dans laquelle Polyeucte et Néarque renversent les idoles, où Sévère protège le héros chrétien, son rival heureux, contre la fureur du peuple, où Néarque est frappé par la hache du grand prêtre Albin, est habilement conduite. Sauf le rôle de Pauline, les parties du quatrième acte ont paru languissantes. Le cinquième est rempli de nobles accents; c'est la profession de foi de Polyeucte, *Credo*; la conversion de Pauline et les élans de leurs deux âmes en face de la mort, mêlés aux cris d'une multitude féroce. M. Gounod avait ajouté un dernier tableau représentant les martyrs dans le cirque; il a été supprimé. Dans les représentations suivantes, on a de beaucoup abrégé la scène du baptême, supprimé le *Pater noster* et opéré quelques autres changements. Les amateurs du grand art ne peuvent qu'apprécier comme ils doivent l'être les efforts de M. Gounod pour s'élever à la hauteur d'un pareil sujet, et désirer que la partition de Polyeucte, allégée de la fête païenne et des concessions faites au public de l'Opéra, soit exécutée dans des conditions mieux appropriées au sujet. Les interprètes de cet ouvrage ont été MM. Salomon, Sellier, Lassalle, Bosquin, Berardi, Auguez, Menu, Bataille, Gaspard ; Mlle Krauss, Mme Calderon.

PONT D'AVIGNON (LE), opérette en trois actes, livret de M. A. Liorat, musique de M. Ch. Grisart, représentée aux Bouffes-Parisiens le 3 septembre 1876. La pieuse légende, à la fois poétique et touchante de saint Benezet et des frères pontifes a été transformée en une suite d'épisodes grivois, d'un mauvais goût déplorable, à laquelle le musicien a eu le tort d'associer sa muse. On a remarqué un duo au premier acte, les couplets *du pont d'Avignon* et une parodie du septuor des *Huguenots*. Chantée par MM. Daubray, Jolly; Mlles Lody, Luce et Marie Albert.

PFIFFIGE BAUER (DER) [*le Paysan madré*], opéra tchèque, musique d'Antoine Dvorzak, représenté au Théâtre-National tchèque de Prague en février 1878.

PRÉCIEUSES RIDICULES (LES), opéra-comique en un acte, livret de M. Valladier, d'après la pièce de Molière, musique de M. Paul Mériel, représenté à Toulouse en mars 1877.

PREGIUDIZI DELLA ZIA TERESA (I), opérette italienne, musique de De Champs, représentée à l'Istituto Zei, à Florence, en 1880.

PRETENDENTI (I), opéra-buffa, musique de E. Pepe, représenté le 3 juillet 1877, au théâtre Rossini de Naples.

PREZIOSA, opéra-séria en quatre actes, musique de A. Smareglia, représenté au théâtre dal Verme, à Milan, le 19 novembre 1879. Chanté par Maurelli, Nolli, Serbollini; Mmes Valda, Trenti.

PRINCESSE MARMOTTE (LA), opérette en trois actes, paroles de MM. Clairville, Gastineau et Busnach, musique de M. Laurent de Rillé, jouée aux Galeries Saint-Hubert, à Bruxelles, en janvier 1880. C'est encore une princesse qui court les aventures nocturnes pendant qu'on la croit plongée dans un sommeil léthargique et qui finit par épouser un jeune bachelier. La musique de cet ouvrage a paru terne et sans inspiration. Les rôles principaux ont été chantés par M. Vauthier et Mlle Lucy Abel.

PRINZ HEINRICH UND ILSE, opéra allemand, musique de M. Hans Schäfger, représenté au théâtre de Woltersdoff, à Berlin, en avril 1878.

PROMISE D'UN AUTRE (LA), opéra-comique en un acte et deux tableaux, livret de M. Dufresne, musique de M. Ch. de Courcelles, représenté à l'Opéra-National-Lyrique le 25 mai 1877. Cet ouvrage offre plusieurs morceaux agréables. Chanté par Soto, Caisso et Mme Girard.

PRONOSTICANTE FANATICO (IL), opéra-buffa, livret de Celli, musique de C. Pascucci, représenté au théâtre Argentina, de Rome, le 23 septembre 1877; chanté par Bacci, Baldelli, Mmes Rossi, Lorenzoni. Cet ouvrage n'a eu que deux représentations.

PSYCHÉ, opéra en quatre actes, paroles de MM. Jules Barbier et Michel Carré, musique de M. Ambroise Thomas, représenté à l'Opéra-Comique en mai 1878. Cette nouvelle partition d'un ouvrage représenté déjà en 1857 (voyez page 556) atteste assez la prédilection du compositeur pour ce sujet, qu'il a traité d'ailleurs avec beaucoup de goût, de talent et d'habileté. Les morceaux que j'ai signalés dans ma première notice sont encore ceux que le public a applaudis de préférence. Pourquoi cet opéra ne peut-il, malgré son mérite, se maintenir au répertoire? Cela tient, je crois, au genre hybride auquel il appartient. Malgré les obstacles qu'oppose au succès des œuvres sérieuses le goût régnant des opérettes, il se trouve encore un public délicat et fier qui ne s'est pas laissé entraîner par ces flots impurs et qui aime à passer quelques heures dans une région idéale. Mais il ne lui plaît pas d'être ramené brusquement sur la terre, même par Mercure, surtout par celui qui chante ces couplets à Éros :

> Simple mortelle ou déesse,
> Une femme ne confesse
> Jamais les ans révolus;
> Et les enfants de votre âge
> Sont un fâcheux témoignage
> De quelques printemps de plus!
> Vénus, comme une bergère,
> Y fait un peu de façon
> Et la reine de Cythère
> En secret se désespère
> D'avoir un si grand garçon!
>
> Même aux yeux les plus candides,
> Les fils tiennent lieu de rides
> Que ne peut cacher le fard;
> Hébé, voici bien le pire,
> N'a pu s'empêcher de rire
> En lui versant le nectar!

> La crainte d'être grand'mère
> Donne à Vénus le frisson !
> Et la reine de Cythère
> En secret se désespère
> D'avoir un si grand garçon !

C'est du Desmoutiers écrivant ses lettres à la belle Émilie ; mais ce langage familier détonne sur le fond du poétique tableau hellénique. Ceux qui y applaudissent voudraient que la pièce fût relevée par plus d'une facétie de ce genre ; mais le sujet ne le comportait pas et l'effet serait, à mon avis, plus décisif si l'opéra de Psyché, débarrassé de ces concessions au vulgaire, se tenait toujours à la hauteur du mythe ingénieux et touchant qui a traversé les âges sans rien perdre de sa grâce mystérieuse. La nouvelle distribution a été celle-ci : Psyché, Mlle Heilbron ; Éros, Mme Engally ; Mercure, Morlet ; le berger Hylas, Chenevière ; le roi, Bacquié ; Bérénice Mme Irma Marié ; Daphné, Mlle Donadio-Fodor.

R

RACOLEURS (LES), opéra-bouffe en un acte, livret de M. Édouard Duprez, musique du marquis de Colbert-Chabannais, arrangé pour piano et orchestre par M. Nicou-Choron, représenté à l'école de Duprez le 8 juin 1870. Chanté par MM. Éd. Duprez, Morlet, Coppel ; Mlles Arnaud et Adèle Isaac. La musique est agréable ; on a applaudi le trio *Jurons !*

RAFAELLO E LA FORNARINA, opéra-séria, livret et musique de G. Sebastiani, représenté au Politeama de Rome en août 1878 ; chanté par Palombi, Fermi, Mmes Picconi-Pierangeli, Paoletti. Ouvrage médiocre.

RAFAELLO LE CHANTEUR, opéra-comique en un acte, livret de MM. Legentil et Ryan, musique de M. Willent-Bordogni, représenté à l'Opéra-National-Lyrique le 28 mai 1877. Le sujet a été imité du *Passant* de M. Coppée.

RAGGIO D'AMORE, opérette italienne, livret de d'Ormeville, musique de Litta Giulio, représenté au théâtre Manzoni, à Milan, le 6 avril 1879 ; chanté par Kaschmann, Mmes Turolla, Montalba.

RATTENFÄNGER VON HAMELN (le Preneur de rats de Hameln), opéra allemand en cinq actes, livret de Friedrich Hofmann, d'après une légende de Julius Wolff, musique de Victor Nessler, représenté au Stadttheater de Leipsig en mars 1879.

RATTO DELLE SABINE (IL), opérette italienne, livret de Alfano, musique de F. Palmieri, représentée au théâtre Varietà de Naples le 4 décembre 1878.

REGINA DEL NEPAL (LA), opéra-seria, livret de Tommasi da Sciacca, musique de G. Bottesini, représenté au Théâtre-Royal de Turin le 25 décembre 1880. Chanté par Patierno, Battistini, Navarini, Mmes Turolla et Bambelli.

REINE BERTHE (LA), opéra en deux actes, livret de M. Jules Barbier, musique de M. Victorin Joncières, représenté à l'Opéra le 27 décembre 1878. La légende de *Berthe la Fileuse*, versifiée au XIIIe siècle par le trouvère Adenès, a fourni le sujet de la pièce. Elle pouvait être exposée avec plus de clarté, surtout dans un ouvrage lyrique, où les récitatifs ne sont pas nettement articulés par les chanteurs. L'impatience causée au public par l'obscurité de l'action a rejailli sur la partition, et cet opéra n'a pu être donné que trois fois. La musique n'est pas cependant sans mérite, ni inférieure à celle de plusieurs ouvrages représentés depuis quelque temps et qui, sans avoir du succès, ont été accueillis plus favorablement. Les personnages sont : Pépin le Bref ; Berthe, fille de Flor, roi de Hongrie, et de la reine Blanche-Fleur ; Enguerrand, seigneur de Laval ; Aliste, fille d'Enguerrand ; Simon, vieux bûcheron ; Gertrude, femme de Simon ; un page. Le premier acte se passe sur la lisière d'une forêt. Les bûcherons veulent y mettre le feu pour se venger des exactions et des cruautés exercées par la reine ou en son nom ; soit ; mais l'auteur aurait dû choisir un autre méfait que celui qu'il signale, c'est-à-dire la pendaison d'un braconnier :

> Vengeons-nous en livrant à la flamme
> Le domaine royal ;
> Rendons à cette reine infâme
> Le crime pour le crime et le mal pour le mal.

Simon cherche à s'opposer à leur fureur ; il demande qu'on épargne sa maison, asile qui abrite

> L'ange inconnu, la jeune hôtesse
> Qui de son cœur sur vous a versé le trésor !
> Qui de son travail même et non de larmes vaines
> A secouru vos maux et soulagé vos peines,
> Celle que vous nommez la fée aux tissus d'or !

Berthe paraît ; elle promet d'obtenir pour le pauvre peuple des traitements plus doux, et, cédant au charme que cette jeune fille exerce, les séditieux ajournent leur dessein incendiaire. Restée seule avec Simon et Gertrude, elle rappelle qu'ils l'ont recueillie mourante, inanimée, et, à leurs questions sur sa naissance, elle répond :

> Vous m'aimez ! que suis-je autre chose ?
> Je suis votre fille Isabeau.

Mais elle sait qu'elle a perdu le rang suprême, la couronne de reine de France, par l'infâme machination du seigneur de Laval. Chargé par le roi Pépin d'aller en Hongrie chercher Berthe sa fiancée, ce seigneur l'a conduite dans une forêt, l'a frappée de sa masse d'armes et, la croyant morte, a fait prendre ses habits à sa fille Aliste et a présenté celle-ci au roi comme l'épouse qui lui était destinée. Berthe a rencontré dans les bois un bel écuyer et son cœur a parlé en sa faveur. Mais, pendant qu'elle s'abandonne avec confiance à cet amour, survient un page qui, dans le bel écuyer, salue le roi lui-même. Berthe, indignée d'avoir été trompée, s'enfuit. Les paysans mettent le feu à la forêt. Le roi, la reine et tous ceux qui les accompagnent quittent ce lieu sinistre ; ainsi finit le premier acte.

Le second a lieu dans une salle du palais. Les dames et les pages s'amusent à se lancer des cercles d'or avec des baguettes, autrement dit à jouer aux grâces :

> Volez, anneaux légers,
> Volez dans l'air, volez vers elles ;
> Soyez d'amour les messagers
> Fidèles.

Aliste a des pressentiments. On a annoncé la prochaine arrivée d'un page envoyé vers les parents de Berthe. Enguerrand de Laval cherche à rassurer sa fille en lui disant qu'il a donné des ordres pour que le page soit frappé avant qu'il ait pu remplir sa mission.

Le roi survient ; il annonce à la reine et à Enguerrand stupéfaits que, chevauchant à l'aventure, il a délivré le page attaqué par des malfaiteurs et déjà blessé par eux. La reine essaye d'éviter la vue de ce messager. Le roi, qui conçoit des soupçons et d'ailleurs n'aime pas Aliste, insiste pour qu'on introduise le page, qui n'est autre que Berthe elle-même. Ici commence pour les deux coupables une scène de torture morale fort bien conduite et qui réussirait dans une autre pièce que dans un opéra. Le page rend compte à la reine des sentiments de ses parents pour elle, de ce qu'on rapporte de ses vertus, de l'affection qu'elle inspirait à tous, et l'ironie est sanglante. Il finit par annoncer la venue dans trois jours du roi Flor et de la reine Blanche-Fleur. Cette scène se complique encore de l'étonnement que cause à l'épine le son connu de cette voix. Le bûcheron Simon, suivant les instructions de Berthe, vient offrir à la reine des tapisseries de la belle inconnue qu'elle avait témoigné le désir d'admirer. Pépin consent à les voir. Aliste et son père, affolés de terreur, veulent quitter le palais secrètement ; le roi se trouve sur leur passage et les oblige à assister à l'exhibition de ces tapisseries. Simon les déroule et en décrit le sujet. C'est l'histoire en figures de la jeune princesse Berthe. On y voit successivement son départ pour la France, son arrivée à la frontière, le crime d'Aliste et d'Enguerrand. Celui-ci se trouble : « Il ment, s'écrie-t-il ; ne le croyez pas, sire. Qui donc m'a vu ? Qui donc répond de lui ? — Moi ! la reine Berthe ! répond Isabeau, paraissant en costume royal. Pépin a retrouvé l'objet aimé. Enguerrand est livré à la justice du roi ; Aliste expie son usurpation dans un couvent.

Ce livret singulier n'a pas été pris au sérieux par le public de l'Opéra. Le compositeur, au contraire, a déployé à le traiter une ardeur et une conviction incontestables, et sa partition est une œuvre très laborieuse. Les morceaux les plus saillants à notre avis sont, dans le premier acte : la romance de Berthe, *Refuserez-vous de m'entendre ?* la cantilène, *Je suis la colombe* ; le finale, *Comme un oiseau de Dieu* ; dans le second acte, le chœur de femmes, *Volez dans l'air, anneaux légers* ; le duo, *Rassure-toi* ; l'air, *A toi merci, ma bonne épée*, et la musique orchestrale de la scène des tapisseries. Les procédés de composition de M. Victorin Joncières sont fort éclectiques ; l'accent dramatique y domine toutefois et les situations sont traduites dans le langage musical avec une grande intelligence, comme par exemple la scène entre Berthe et Pépin : *Je suis sans doute le jouet d'un rêve.* On aurait pu s'attendre à plus de simplicité dans quelques détails, tels que dans les sonneries de trompettes qui modulent en *fa*, en *la* bémol, en *si*, en *ré*, en *ut* successivement et donneraient la meilleure opinion de la facture des instruments de cuivre au XVIIIᵉ siècle, si l'on ne devait pas dans un opéra sacrifier l'archaïsme à l'idéal; cependant trop de complications nuisent au caractère. Distribution : Berthe, Mᵐᵉ Daram; Aliste, Mᵐᵉ Barbot; Gertrude, Mᵐᵉ Nivet-Grenier; un page, Mˡˡᵉ Blum; Pépin, M. Vergnet; Simon, M. Gailhard; Enguerrand, M. Caron.

RELIGIEUSE (LA) ou *les Carabiniers*, opéra en trois actes, musique de Gustave Hartel, représenté à Chemnitz en janvier 1890, quatre ans après la mort de l'auteur.

RE MACCARONE, opérette italienne, livret d'Ovidi, musique de Casti, représentée au théâtre Quirino, à Rome, le 13 mai 1880; chanté par De Martino, Milzi et Mᵐᵉ Garofolo.

RENDEZ-VOUS D'AMANDINE (LE), opéra-comique en un acte, livret de M. Faure, musique de M. Bar, représenté au théâtre de Lille en février 1879.

RICCARDO III, opéra-seria en quatre actes, livret de Fulgonio, musique de L. Canepa, représenté au théâtre Carcano, à Milan, le 10 novembre 1879; chanté par De Angelis, Buti, Majocchi, Mᵐᵉˢ Prevost, Maggi-Trapani.

RITRATTO DI PERLA (IL), opérette italienne en deux actes, livret de Golisciani, musique de Cesare Rossi, représentée au Circolo Unione de Naples, le 7 janvier 1879; chantée par Colonnese et Mᵐᵉˢ Lablanche, Rossi.

RITTERSCHLAG (DER) [*l'Accolade chevaleresque*], opéra allemand en deux actes, livret de Mosenthal d'après un vaudeville de Dumanoir, musique de Hermann Riedel, représenté à l'opéra de Vienne le 26 mai 1880. Ces accolades sont deux gifles octroyées à des personnages auxquels elles n'étaient pas destinées.

On voit qu'à l'étranger les grandes scènes elles-mêmes sont envahies par la contagion du genre de l'opérette. Il est vrai que, pour goûter les sujets héroïques, il faut qu'on ressente dans le public quelque admiration, quelque sympathie pour les héros; or le rôle de la critique littéraire a desséché cette fibre de l'admiration pour le dévouement, le sacrifice, l'élévation des sentiments. On en arrive à réunir le public dans la vaste salle de l'opéra de Vienne pour l'intéresser aux destinées d'une paire de soufflets.

RODERICO DI SPAGNA, opéra-seria, musique de M. Manlio Bavagnoli, représenté au théâtre royal de Parme le 20 avril 1878; chanté par Manfrini Valchieri, Tansini, Mᵐᵉ Casali.

ROI DE LAHORE (LE), opéra en cinq actes et six tableaux, livret de M. Louis Gallet, musique de M. Jules Massenet, représenté à l'Opéra le 27 avril 1877. L'idée du poème de cet opéra a de la grandeur, mais l'affabulation manque de l'élément qui touche le cœur du spectateur, émeut sa sensibilité; cet élément est le côté humain, c'est l'expression de sentiments naturels. Une donnée qui est toute de convention peut étonner, elle ne touche pas. Le drame a beau être placé à l'extrémité du monde, à une époque reculée, au sein d'une civilisation différente de la nôtre, à Kmer, dans la ville d'Angkor, quelque part que ce soit, l'âme humaine doit s'y retrouver vivante, avec ses passions et avec une sanction de ses vertus ou de ses crimes. Si cet élément essentiel est omis, la curiosité remplace l'intérêt et le compositeur ne peut raviver son inspiration près d'un foyer éteint. Ces réserves faites sur la conception de l'idée du livret du *Roi de Lahore*, je ne fais aucune difficulté de reconnaître que la forme en est poétique et qu'il offre des vers favorables à la musique.

Le livret du *Roi de Lahore* a beaucoup d'analogie avec celui de l'opéra de la *Vestale*, comme on va le voir. Alim, roi de Lahore, aime en secret Sitâ, jeune prêtresse et nièce du grand prêtre Timour; il vient chaque soir la trouver dans le temple. C'est sur ces entrefaites qu'on apprend que le sultan Mahmoud s'approche des murs de Lahore qu'il menace d'envahir. Le peuple invoque la protection de sa triple divinité. Scindia, brûlant d'une passion violente pour la jeune prêtresse, vient demander sa main au grand prêtre, qui la lui refuse parce qu'elle a déjà prononcé ses vœux sacrés, dont le roi seul a le pouvoir de la relever. Scindia est puissant; après Sélim il est le plus grand seigneur du royaume. Il sait qu'un inconnu s'introduit le soir dans le temple et il exige que Sitâ soit interrogée. Dans un second tableau, qui représente le sanctuaire d'Indra, Scindia s'efforce de faire partager son amour à Sîtâ qui le repousse. Le gong sacré retentit; tous les prêtres arrivent et, en leur présence, Scindia dénonce le crime de Sîtâ, qui doit l'expier par la mort. Son complice se déclare; il est le roi; il obtient le pardon de la prêtresse parjure et s'engage à sauver la patrie du danger qui la menace, si Timour lui accorde la main de sa nièce. Le grand prêtre y consent. Scindia jure de se venger de cet affront.

Au second acte, les armées sont en présence dans la plaine de Thôl. Sîtâ se livre à l'espérance de voir Alim victorieux; loin de là, le roi est frappé dans la mêlée par Scindia. Les troupes d'Alim, privées de leur chef, fuient en désordre. Scindia les ramène à Lahore, tandis que le roi, blessé, meurt dans les bras de Sîtâ.

Le troisième acte se passe dans le paradis d'Indra. Au milieu des félicités célestes, des chœurs de danses des apsaras, Alim est malheureux et regrette la bien-aimée qu'il a laissée sur la terre. Il demande à Indra de revivre à quelque condition que ce soit. Le dieu lui permet de revenir sur la terre, mais sous la forme d'un simple mortel et dans la plus humble condition. En outre, il devra mourir au moment où Sîtâ mourra elle-même. Alim accepte ces conditions.

Au quatrième acte, Alim erre inconnu autour de son palais, où règne son rival qui va épouser Sîtâ. La ville a été délivrée de ses ennemis et le peuple témoigne son allégresse par des fêtes, lorsqu'au milieu d'un magnifique cortège Scindia s'avance pour accueillir Sîtâ qu'on amène au palais. Alim se présente et veut se faire reconnaître en réclamant ses droits. Scindia et toute sa cour le traitent d'imposteur, et le pauvre Alim serait immolé sur place si le grand prêtre ne le protégeait en déclarant qu'il a perdu la raison, que, par ce fait, il est devenu un être sacré, et qu'il est interdit par la religion d'attenter à ses jours.

Au cinquième acte Sîtâ, qui s'est arrachée des bras de Scindia, est venue se réfugier dans le sanctuaire d'Indra; Alim vient l'y rejoindre. Les deux amants, confondant leurs espérances avec leurs illusions, se préparent à fuir ensemble, lorsque Scindia pénètre dans le sanctuaire par une porte secrète. Sîtâ se donne alors la mort et, en même temps, Alim tombe frappé du même coup, selon la volonté du dieu. Le fond de la scène change et l'on voit les deux amants monter ensemble au séjour des bienheureux, tandis que Scindia reconnaît qu'une main divine est étendue sur sa tête et punira ses crimes.

Ce livret, par son caractère grandiose et un peu hyperbolique, par ses contrastes tour à tour violents et paradisiaques, convenait aux tendances naturelles du compositeur telles qu'elles se sont manifestées jusqu'ici dans ses précédents ouvrages, tour à tour impétueuses et empreintes d'une certaine religiosité. Possédant une vaste connaissance de toutes les sonorités de l'orchestration, il en a prodigué les ressources et les effets peut-être au delà de ce qu'une pleine possession de lui-même lui suggérera certainement dans la carrière brillante qu'il aura à parcourir. La perfection d'une œuvre réside dans l'équilibre de toutes les parties qui la composent. Les morceaux qui ont produit le plus d'effet sont d'abord : l'ouverture, qui est pleine de verve et de caractère; le chœur, *Bientôt les musalmans;* le duo de Scindia et de Timour; le chœur des prêtresses; le récit de la vision par Sîtâ; le bel ensemble, *Viens, je ne serai pas ton maître.* Tout ce premier acte est remarquable. Dans le second acte, je signalerai la scène des soldats jouant aux échecs et le duetto pour voix de femmes. L'acte qui suit se passe dans le paradis d'Indra, où M. Halanzier a accumulé toutes les magnificences dont l'Opéra français est susceptible. On a remarqué la marche céleste, les motifs du ballet, entre autres un solo de saxophone et une valse lente, et, par-dessus tout, l'incantation dite par Indra, *Qu'il soit lui, qu'il ne soit plus lui,* reprise par le chœur, dont la sonorité arrive aux dernières limites de l'intensité. Le morceau le plus applaudi de tout l'ouvrage est la cantilène chantée au quatrième acte par Scindia : *Promesse de mon avenir.* On distingue encore dans le finale une phrase d'un grand effet, *C'est un dieu qui l'inspire.* Au cinquième acte, si on en excepte l'air pathétique de Sîtâ, *De ma douleur que la mort me délivre,* la musique est subordonnée exclusivement au drame, d'après une théorie d'outre-Rhin acceptée et mise en œuvre par nos compositeurs français avec trop de docilité, à mon avis. Comme dans les opéras de M. Wagner, M. Massenet a reproduit çà et là des phrases caractéristiques qui donnent, il est vrai, une sorte d'unité à l'œuvre dramatique. Cet effet a été souvent employé par les plus grands maîtres avant M. Wagner, mais avec discrétion. Si on abusait de ce procédé, il en résulterait quelque monotonie et le but ne serait pas atteint. L'interprétation de cet ouvrage, monté avec un grand luxe de décors et de costumes, a été excellente. Les principaux rôles ont été chantés par MM. Salomon, Lasalle, Boudouresque, Menu ; Mlles de Reszké et Fouquet.

ROTHOMAGO, opéra-féerie en quatre actes, musique de MM. E. Solomon, Bucalossi, G. Serpette et G. Jacobi, représenté à l'Alhambra de Londres en janvier 1880.

S

SABBAT POUR RIRE (LE), opérette en un acte, livret de M. Chauvin, musique de M. Raspay, représentée aux Bouffes-Parisiens le 2 mai 1877.

SALVATOR ROSA, opéra, musique de M. Gomez, représenté au théâtre de Rio-de-Janeiro en octobre 1880.

SAMSON ET DALILA, opéra biblique en trois actes, livret de M. Ferdinand Lemaire, musique de M. Camille Saint-Saëns, représenté au théâtre de Weimar le 2 décembre 1877. Le récit biblique a été profondément modifié par le librettiste. Dalila trahit Samson par fanatisme religieux, pour venger les insultes faites par les Israélites au dieu Dagon. Samson s'efforce de relever le courage abattu des Hébreux. Abimélech, satrape de Gaza, vient, accompagné de soldats philistins, pour s'opposer aux plaintes des vaincus; Samson invoque contre lui la protection du Dieu d'Israël. Abimélech se précipite sur Samson, qui lui arrache son épée des mains et l'en transperce. Dalila, conseillée par le grand prêtre de Dagon, entoure Samson de toutes sortes de séductions; les prêtresses forment une danse voluptueuse; Samson paraît à moitié subjugué; ainsi finit le premier acte. Le second se passe dans la vallée de Soreck, devant la maison de Dalila. Le grand prêtre vient conférer avec elle sur les moyens de prendre le chef redoutable des Hébreux, de découvrir le secret de sa force extraordinaire et de le livrer enchaîné à ses ennemis. Dalila promet de seconder son dessein. Samson arrive auprès d'elle, et, dans un duo très passionné et très long, l'un hésite à livrer le secret que l'autre veut obtenir tour à tour par ses caresses, ses menaces, son désespoir. Dalila se retire dans sa maison, Samson la suit. Des soldats philistins s'approchent dans l'ombre; Dalila paraît à sa fenêtre et les appelle. Samson s'écrie : Trahison! La toile tombe. Le premier tableau du troisième acte représente Samson enchaîné, aveugle, les cheveux coupés et tournant la meule. Il reconnaît sa faute et gémit sur son sort. On entend les Hébreux captifs reprocher à leur chef de les avoir sacrifiés à l'amour d'une femme. Dans le second tableau, le grand prêtre de Dagon est entouré dans le temple des princes philistins. Une fête solennelle se prépare. On voit la statue du dieu et les deux colonnes de marbre au milieu du sanctuaire. Dalila est présente et les jeunes filles des Philistins dansent. Un enfant amène Samson. Le grand prêtre pousse l'ironie jusqu'à lui faire verser de l'hydromel dans une coupe par Dalila ellemême; bien plus, elle lui prend la main, le guide en lui adressant ces paroles :

> Laisse-moi prendre ta main
> Et te montrer le chemin,
> Comme dans la sombre allée
> Qui conduit à la vallée,
> Ce jour où, suivant mes pas,
> Tu m'enlaçais de tes bras!
> Tu croyais à cet amour :
> C'est lui qui rive ta chaîne;
> Dalila venge en ce jour
> Son Dieu, son peuple et sa haine!

« Venger sa haine » est une expression peu correcte; c'est un détail. Mais ce qui est plus sérieux, c'est d'avoir conçu une situation aussi odieuse; je ne crois pas qu'elle soit tolérée ailleurs qu'à Weimar, où l'on aime l'extraordinaire. Abreuvé d'insultes, Samson se fait conduire près des deux piliers du sanctuaire; il adresse à Dieu une prière fervente pour obtenir un moment sa force première. Pendant qu'une sorte d'orgie religieuse règne dans ce temple et qu'une danse vertigineuse s'agite autour de lui, il ébranle les colonnes et l'édifice s'écroule au milieu des cris. On sait quelles affiliations unissent le musicien aux théories de MM. Wagner, Liszt et autres artistes qui s'efforcent de renouveler la mise en œuvre de l'art musical, de faire prévaloir les formes symphoniques sur les autres parties du drame lyrique, d'éviter les divisions du discours musical auxquelles tant de grands maîtres se sont assujettis non sans succès. M. Saint-Saëns s'est attaché à cette doctrine. Puisse-t-il fournir des preuves de sa vérité et donner des raisons de son esthétique. Dans son opéra de *Samson et Dalila*, les intentions sont visibles, soulignées, fortement déduites; mais malheureusement il n'y a que des intentions. Si messieurs les partisans de la musique dite de l'avenir se font un mérite de fuir la mélodie, c'est d'ordinaire parce que la mélodie les fuit. On peut être un excellent musicien sans être un compositeur; la composition idéale est un don fort rare, et il n'est pas donné à un grand nombre de la cultiver avec un succès durable.

Il y a en outre différents genres, et peu de compositeurs peuvent, comme Mozart, exceller dans tous. L'opéra de M. Saint-Saëns ne contient qu'un très petit nombre de passages, je ne dis pas même de morceaux, que les gens de goût puissent admettre sans difficulté. Je citerai la fanfare chorale, *Ah! le souffle du Seigneur a passé dans son âme*; le chœur des femmes philistines, *Voici le printemps portant des fleurs*, dans le premier acte. La danse des prêtresses de Dagon est une pièce orchestrale qui a été exécutée dans les concerts à Paris et a eu ses partisans. Elle doit son effet, trop bizarre à mon avis, à l'intervalle désagréable du triton ou quarte augmentée, que les anciens évitaient, qu'au moyen âge on appelait le diable en musique, *Diabolus in musica*; c'est cet intervalle qu'un certain pédantisme met à la mode depuis quelque temps pour donner une couleur prétendue archaïque. Si les personnes dont l'oreille n'est pas délicate s'y laissent prendre c'est que, pour elles, le beau c'est le laid. Un autre procédé, employé par M. Saint-Saëns et d'autres, consiste à pratiquer des quintes consécutives et de fausses relations, afin qu'on dise : C'est du nouveau, on n'a jamais entendu cela! Je le crois bien, par la raison que les compositeurs de goût ont respecté les règles de l'harmonie comme nos bons auteurs se sont attachés à écrire en bon français.

Dans le second acte, presque rempli par un long duo, je ne trouve à signaler que la phrase en *ré bémol* chantée par Dalila, *Ah! réponds à ma tendresse*; encore ne tarde-t-elle pas à être gâtée par la partie de Samson, qui forme avec elle des dissonances intolérables, des prolongations et des retards qui font d'un duo d'amour un ensemble de cris discordants. Dans le dernier acte, on remarque une phrase de Samson d'un bon caractère, *Quand tu parlais, je restais sourd*, et un bon canon, *Gloire à Dagon vainqueur*. C'est ce style, imité de celui de Hændel, que le musicien traite le mieux; mais il ne convient pas à une œuvre dramatique sous cette forme développée. Le reste de l'ouvrage n'offre rien de saillant; le motif de l'hymne, *Israël, romps ta chaîne*, au premier acte, est commun; le lever du soleil est indiqué par une suite d'accords qui n'a aucun sens; les vieillards chantent *Hymne de joie*, hymne de délivrance sur une psalmodie monotone en désaccord avec le sens des paroles. La prosodie laisse aussi beaucoup à désirer. L'accent final et la résolution de l'accord tombent sur des *e* muets, comme ceci : *O mon don-mai-ai-ai-ai-TRE, cares-es-es-es SE.*

Les musiciens pourraient se rappeler avec fruit le conseil donné aux poètes :

Ayez pour la cadence une oreille sévère.

et surtout cet autre :

Fuyez des mauvais sons le concours odieux.

Ils éviteraient d'écrire des successions d'accords aussi barbares que ceux qui terminent l'opéra de *Samson et Dalila* sur ces paroles :

Soutiens-toi de ton serviteur
Qu'ils ont privé de la lumière!
Daigne pour un instant, Seigneur,
Me rendre ma force première!
Qu'avec toi je me venge, ô Dieu!
En les écrasant en ce lieu!

Cet ouvrage a été chanté à Weimar par Mlle von Müller, Dalila; M. Ferenczy, Samson; M. Milde, le grand prêtre, sous la direction de M. Édouard Lassen.

SARDANAPALO, opéra-seria, livret de C. d'Ormeville, musique de G. Libani, représenté au théâtre Apollo, à Rome, le 12 avril 1880. On a accueilli très favorablement cet ouvrage du sympathique compositeur, alors si gravement malade qu'il est mort peu de jours après la représentation de son opéra; chanté par Celada, Battistini, Roveri, Mmes Boronat et Sinnerberg.

SAVOJARDO (IL), opérette italienne, livret de Golisciani, musique de V. Galasso, représentée sur un théâtre de société, à Naples, en novembre 1880.

SCHEIKH BABA ou *l'Intrigue au harem*, opéra-comique en trois actes, musique de M. Ch. Solié, représenté au théâtre français de Nice le 5 avril 1879. Chanté par Gobereau, Marcelin, Mlle Pauline Luigini.

SEEKADET (DER) [l'*Aspirant de marine*], opérette en trois actes, livret de Zell, musique de Richard Genée, représentée au théâtre de Friedrich-Wilhelmstadt en mars 1877.

SEGRETO DELLA DUCHESSA (IL), opéra-comique italien, musique de G. Dell'Orefice, représenté à la Société philharmonique de Naples le 5 mai 1879.

SEILA, opéra biblique en trois actes et un prologue, livret de Boni, musique de Antonio Coronaro, frère de l'auteur de la *Creola*, représenté au théâtre Eretenio, à Vicence, le 18 janvier 1880; chanté par Pizzorni, Viganotti, Mmes Naudori et Passaglia.

SEÑORA MATA-FLORIDA ou *les Joyeux moines de Saint-Just*, opérette en trois actes, livret et musique de Rudolf Waldmann, représentée au Woltersdorff-theater, à Berlin, le 28 septembre 1878. L'auteur a joué lui-même le principal rôle de la pièce.

SÉRÉNADE (LA), opéra-comique en un acte, livret de M. Édouard Duprez, musique du marquis de Colbert-Chabannais, arrangé pour piano et orchestré par M. Nicou-Choron, représenté à l'École Duprez en 1879. On a remarqué dans cet ouvrage une jolie romance chantée par Valère, *Si l'on te dit que les étoiles*.

SIGNAL (LE), opéra-comique en un acte, livret de MM. Dubreuil et Busnach, musique de M. Paul Puget représenté en 1877.

SILVANO, opéra-seria, musique de Graziani-Walter, représenté au théâtre Nuovo de Florence le 19 avril 1879; chanté par Verati, Cresci, Bergami, Mmes Colli, Coccetti.

SINDACO DI VILLAGIO (IL), opéra-buffa, musique de S. Alessio, représenté au théâtre Falcone, à Gênes, en février 1879.

SI PAGA O NON SI PAGA? opérette italienne, musique de F. Bellini, représentée au collège de la Visitation, à Monaco, en janvier 1877.

SIR WILLIAM, opéra-comique en un acte, livret de M. Coveliers, musique de M. Colyns, représenté au théâtre de la Monnaie en avril 1877. La pièce se passe chez les Peaux-Rouges;

aussi on y a applaudi une chanson nègre?... La partition de ce violoniste distingué annonce de bonnes études musicales, mais n'a pas obtenu un succès décidé.

SLEEPY HOLLOW, opéra américain, livret et musique de Max Maretzek, représenté au théâtre de New-York en septembre 1879.

SOGNO D'AMORE, opéra semi-seria, livret de Golisciani, musique de B. Bellini, représenté au casino Unione, à Naples, le 12 janvier 1880; chanté par de Falco, Souvestre, Mlle Marzolla.

SORCERER (THE) [le *Sorcier*], opéra anglais, livret de M. S. Gilbert, musique de M. Arthur Sullivan, représenté au théâtre de l'Opéra-Comique, à Londres, le 17 novembre 1877. La musique en est intéressante et originale.

SORRENTINE (LA), opérette-bouffe en trois actes, livret de MM. Jules Noriac et Jules Moineaux, musique de M. L. Vasseur, représenté aux Bouffes-Parisiens le 24 mars 1877. Le sujet est des plus légers et nullement original. Teresina, la Sorrentine, fille d'un barbier, va épouser le jeune Lazarillo; la fiancée du vice-roi de Naples ayant été enlevée, Teresina se trouve invitée à la remplacer dans le palais, et la voilà vice-reine. Lazarillo, furieux, soulève la populace et s'empare du palais. Tout s'explique, et la Sorrentine épouse Lazarillo. Ces sortes de pièces n'existent que par les détails plaisants et les lazzi de plus ou moins bon goût. La musique n'est pas meilleure que le livret. Malgré des développements hors de saison avec un pareil sujet, elle est peu intéressante; on a cependant applaudi, au premier acte, les couplets du *Bosquet*. Chantée par Fugère, Daubray, Scipion; Mmes Peschard, Prelly; Mlles Paola Marié et Blanche Miroir.

SPARTACUS, drame en cinq actes, en vers, du baron de Langsdorff, musique de M. Adolphe Nibelle, représenté au théâtre de l'Ambigu pendant l'automne de 1876. On a remarqué surtout dans cet ouvrage la grande scène de l'*Orgie romaine*, au troisième acte, reproduisant la composition du célèbre tableau de Couture, la *Décadence des Romains*. Les soli ont été chantés par Mlle Clémence Leclerc, remplissant le rôle du coryphée antique sous le costume d'un jeune Phrygien. Ce drame a eu une trentaine de représentations.

SPARTACUS, opéra en cinq actes et sept tableaux, livret de M. Rollo, musique de M. Monsigu, représenté au Grand-Théâtre de Marseille le 30 avril 1880. C'est encore un ouvrage sorti premier d'un concours institué par la municipalité de cette ville et qui n'a pas été plus heureux que les opéras issus de cette institution moderne, aussi fausse dans son principe que maladroite dans son application. C'est cependant une œuvre vaillante que ce *Spartacus*. Le poème et la partition sont d'une large envergure et le fruit d'un travail estimable. Spartacus, la princesse Thracie, sa fiancée, et le vieux roi Xathès, père de celle-ci, ont été faits prisonniers par Crassus. Spartacus subit la loi du vainqueur et devient gladiateur. Il brise ses fers, va rejoindre son armée avec Thracie et son père, livre bataille aux Romains et, victorieux, s'abandonne avec insouciance aux plaisirs avec la courtisane Claudia, oubliant la fidèle et dévouée Thracie. Pompée, réunissant ses forces à celles de Crassus, tombe à l'improviste sur le camp des Thraces. Spartacus perd la vie dans la lutte; Xathès et sa fille tombent encore une fois dans les mains de leurs ennemis; mais le vieux roi poignarde sa fille et se tue ensuite pour échapper au déshonneur. Les Romains acclament Pompée et la toile tombe sur leurs chants de triomphe. Le compositeur a écrit sur ce poème une partition où les fanfares, les marches guerrières, les chœurs produisent une sonorité excessive et constante. On a remarqué beaucoup de réminiscences. Le morceau qui a produit le plus d'effet est le septuor du troisième acte. Chanté par Salomon, Queyrel, Couturier, Choppin; Mlles de Goyon et Debasta.

SPITZENTUCH DER KÖNIGIN (DAS) [le *Mouchoir de dentelle de la reine*], opérette allemande, musique de M. Johann Strauss, représentée au théâtre An-der-Wien, à Vienne, en octobre 1880.

STELLA, opéra-seria en trois actes, livret de Interdonato, musique d'Anteri-Manzocchi, représenté au Théâtre-Municipal de Plaisance le 22 mai 1880; chanté par Ortisi, Cottone; Mme Teresina Singer. Cet ouvrage a obtenu du succès.

STELLA COMETA (LA), opérette italienne, livret de Boselli e Calvino, musique de V. Tardini, représentée au théâtre del Patronato, à Modène, le 19 mars 1878; chantée par des amateurs.

STRADIOTA, opéra polonais en quatre actes, livret de Jasinski, musique d'Adam Münchleimer, directeur de l'Opéra national de Varsovie, représenté à ce théâtre en janvier 1877.

SNOCERA (LA), opéra-buffa, livret de Stewart, représenté au théâtre Nuovo de Naples en avril 1877.

SURPRISE DE L'AMOUR (LA), opéra-comique en deux actes, livret de M. Ch. Monselet, d'après la pièce de Marivaux, musique de M. Ferdinand Poise, représenté à l'Opéra-Comique le 31 octobre 1877. La comédie charmante de Marivaux a été jouée au théâtre des Italiens en 1722 avec succès. M. Ch. Monselet l'a arrangée avec goût et y a ajouté de fort jolis vers. Les personnages sont : la comtesse, Lélio, Colombine, Arlequin. La scène se passe dans un parc. Lélio, trahi dans un premier amour, non seulement est devenu misanthrope, mais encore s'est juré à lui-même de fuir le beau sexe et de ne plus se laisser entraîner à aucun tendre sentiment. La comtesse, une jeune veuve, a aussi, de son côté, résolu de résister à toute séduction. Colombine feint de partager l'aversion de sa maîtresse pour les soupirants, et Arlequin épouse la querelle de son maître. Lélio et la comtesse commencent par se témoigner une froideur mutuelle tempérée toutefois par les égards que la politesse exige entre personnes distinguées. On déclare de part et d'autre qu'on s'en tiendra aux liens de l'amitié. De leur côté, Arlequin et Colombine se querellent à tout propos et en recherchent à plaisir toutes les occasions. Mais l'amitié se change insensiblement en une affection plus tendre dont les marques sont surprises par le valet et la servante, qui prouvent à leurs maîtres qu'ils s'adorent malgré eux, les obligent à se le dire, et tout finit par le double mariage d'usage au théâtre. Le compositeur a traité cette comédie de demi-caractère avec la délicatesse qu'elle comportait, et son ouvrage est remarquable sous ce rapport. L'ouverture en forme de menuet est orchestrée avec élégance. Dans le premier acte, on distingue particulièrement la romance de Lélio : *Cet or qui rayonne sur le vert gazon*; un quatuor scénique plein de finesse, l'air de Colombine : *Une tigre*, plein de brio, et le duo de la comtesse et de Lélio : *Puisque le destin nous amène*. Je signalerai dans le second acte la chanson de Colombine : *Chacun connaît de Colombine le pied fripon*; l'air de la comtesse : *En venant ici, Colombine*, et le quatuor final.

Chanté par MM. Nicot, Morlet; Mmes Galli-Marié et Irma Marié.

SUZANNE, opéra-comique en trois actes, livret de MM. Lockroy et Cormon, musique de M. Paladilhe, représenté à l'Opéra-Comique le 30 décembre 1878. Quoique la pièce offre quelques scènes intéressantes, la donnée en est trop invraisemblable pour captiver le spectateur. Suzanne est une orpheline élevée chez des paysans dans une ignorance contre laquelle sa nature distinguée réagit au point de vouloir s'instruire à tout prix. Richard, jeune étudiant anglais, la rencontre et, sans en être autrement épris, consent à l'emmener suivre les cours de l'université de Cambridge à la condition qu'elle prendra des habits d'homme et le nom de Claudius. Installés tous deux dans le même logement, Richard ne tarde pas à aimer la jeune fille et à lui déclarer son amour. Celle-ci, effrayée du danger qu'elle court, reprend les habits de son sexe et veut fuir. Dalton, ami de Richard, a découvert son secret; il prend Suzanne pour une aventurière et la signale comme telle aux étudiants. Richard défend fort mal sa protégée, qui finit par s'échapper de la taverne, au milieu d'une sorte d'orgie. Au bout de quatre années, Suzanne est devenue une tragédienne célèbre. Dalton, qui la reconnaît et veut réparer l'affront qu'il lui a fait dans la scène de l'auberge, lui offre de l'épouser. Il est pair d'Angleterre. Suzanne est disposée à accepter cet honneur. Mais Richard, devenu officier de marine, revient sur ces entrefaites et l'emporte sur son rival dans le cœur de la tragédienne, qui consent à lui donner sa main. Les autres personnages de la pièce sont : la joyeuse servante Eva, le quaker Paterley, un financier boursouflé et ridicule et un petit domestique, dont les auteurs ont tiré un parti assez comique. La partition est meilleure que le livret et a été plus goûtée que les précédents ouvrages du compositeur. Elle renferme de jolis morceaux et a un caractère de fraîcheur et de simplicité que l'on n'attendait plus de l'auteur de l'Amour africain et du Passant. On a surtout remarqué au premier acte : un chœur de paysans, un air de Dalton, une gigue, la romance de Richard : *Comme un oiseau posé sur le chemin*, dans le second, la romance de Richard, la chanson d'Eva : *Si j'étais garçon*; un quatuor : *Elle est charmante, en vérité*; enfin, dans le dernier acte, un bon trio. Les rôles principaux ont été chantés par Mlle Bilbaut-Vauchelet, Mlle Ducasse; MM. Nicot et Barré.

T

TANCREDA, opéra seria, musique de T. Dohler, représenté au théâtre Nicolini, à Florence, le 6 mai 1880. Chanté par Becheri, De Bernis, d'Aranzo, et Mme Pierangioli.

TAUMATURGO (IL), opéra semi-seria, musique de C. San-Fiorenzo, représenté au théâtre dal Verme de Milan le 28 janvier 1879. Chanté par Ramini, Azzalini, Tessada; Mmes Boronat, Levi.

TEMPLER UND JÜDIN (le *Templier et la Juive*), opéra allemand de Marschner (voyez page 554); représenté au théâtre de Hanovre le 11 juin 1877, lors de l'inauguration du monument élevé en l'honneur de ce compositeur.

TEODORA, opéra-comique italien, livret de Landi, musique de L. Nicola, représenté au théâtre Nuovo de Naples le 1er juin 1879.

Chanté par Fiumara, Mongini, Lamonea, Merly; Mmes Corte, Massini.

TESTE DI GESSO (LE), opéra-buffa, musique de Burali-Forti, représenté au théâtre Petrarca, à Arezzo, le 19 avril 1877. Chanté par Toti, Foci, Paterna, et Mme Zelli.

TIMBRE D'ARGENT (LE), opéra fantastique en quatre actes et huit tableaux, livret de MM. Michel Carré et Jules Barbier, musique de M. Camille Saint-Saëns, représenté à l'Opéra-National-Lyrique le 23 février 1877. Le sujet de la pièce est, à proprement parler, un cauchemar en quatre actes et qui dure cinq heures. Le public a trouvé que c'était un peu long, et l'opéra n'a eu qu'un très petit nombre de représentations. Conrad, jeune peintre viennois, a conçu une passion insensée pour une belle danseuse et aussi pour la richesse qui lui permettra de séduire son idole. Il n'est sensible ni à l'affection d'Hélène, sa fiancée, ni à l'amitié de Bénédict. Son imagination s'échauffe et l'hallucination commence pour ne finir qu'avec la pièce. Le docteur Spiridion annonce même la durée de la crise du jeune artiste. Un démon, sous la figure de ce même docteur Spiridion, évoque la belle danseuse Circé-Fiammetta, propose à Conrad un timbre d'argent magique. Il n'aura qu'à le frapper pour obtenir tout l'or qu'il désirera ; mais il l'avertit qu'à chaque coup frappé sur le timbre une vie humaine sera brisée. Telle est la donnée. Conrad accepte ; au premier coup, un vieillard de ses amis tombe mort à sa porte ; mais la vue de l'or triomphe de ses remords. Au sein d'une vie de plaisirs et de fêtes somptueuses, Conrad voit toujours Fiammetta, son idole, échapper à sa poursuite. S'il lui offre un collier de grand prix, un rival mystérieux offre à celle-ci un diadème et un palais à Florence ; Conrad veut renchérir et joue tout l'or qu'il possède et le perd. Ces rêves sont traversés par des scènes qui se passent entre Hélène et sa sœur Rosa, laquelle va épouser Bénédict. Elles forment un contraste par leur caractère doux et tendre ; l'intention était bonne et l'idée poétique, et le musicien aurait pu en tirer parti. Au moment où Circé va encore fuir Conrad hésitant à la suivre, il frappe sur le timbre ; Bénédict s'écrie : « Je meurs ; » Hélène et Rosa jettent un cri de douleur. A partir de cet instant, une lutte intérieure s'accentue de plus en plus chez Conrad ; il se débat entre les conseils d'Hélène et de Spiridion jusqu'à ce qu'enfin il brise le timbre et se réveille. Cette vision lui a rendu la raison. Le chœur chante Noël ! et un cantique :

Hommes, chantez sur la terre,
Anges, chantez dans le ciel !

L'œuvre du musicien a été très laborieuse, et on ne peut que constater les efforts persévérants qu'il déploie pour occuper une place parmi les compositeurs contemporains. Mais la science musicale, la recherche obstinée d'effets symphoniques nouveaux, des combinaisons orchestrales, l'abus des dissonances dominent presque exclusivement dans son ouvrage, et lorsque quelque mélodie appréciable s'y rencontre, on est étonné de son peu de distinction. J'ai remarqué dans le premier acte la mélodie de Bénédict : *Demande à l'oiseau qui s'éveille* ; dans le troisième, le duo d'Hélène et de Rosa : *Chère sœur, quel nuage* ; la chanson du *Papillon et la fleur* et, dans le dernier acte, la *Valse des filles d'enfer*. Les principaux interprètes de cet ouvrage ont été MM. Melchisédec, Blum, Caisso ; Mmes Salla, Sablairolles et la ballerine Mme Théodore.

TIVOLINI DER BANDIT VON PALERMO, traduction de l'opérette française le *Pompon* (voyez page 863), musique de M. Ch. Lecocq, représenté au Carltheater de Vienne le 3 novembre 1877. Le rôle de Piccolo a été joué par le ténor Riedinger. A Paris, selon un usage trop répandu depuis une vingtaine d'années, ce rôle avait été tenu par une femme en travesti.

TRE BRAVI (I), opéra semi-seria, livret de Paneral, musique de Grassoni, représenté au théâtre Stamura d'Ancône le 12 juin 1830.

TRE COSCRITTI (I), opéra, livret de Bardare, musique de N. d'Arienzo, représenté au R. Albergo de' Poveri, à Naples, le 10 février 1850.

TRIBUNO (IL), opéra-seria, musique de Cappellini, représenté au Théâtre-Municipal de Nice en mars 1877. Chanté par Mozzi, Adolfi, David ; Mme Potentini.

TROIS ROSES (LES), opérette, livret de MM. Grangé et Bernard, musique de M. Hervé, représenté aux Folies-Dramatiques en 1859.

TROIS MARGOT (LES), opérette en trois actes, livret de MM. Bocage et Chabrillat, musique de M. Ch. Grisart, représentée aux Bouffes-Parisiens le 6 janvier 1877. Le sire de Malvoisy a pour oncle un vidame qui menace de le déshériter si, au bout d'un an, la baronne ne lui a pas donné un fils. Il doit partir le soir même pour le Milanais. Dans sa prévoyance, il veut amener à un rendez-vous la paysanne Margot. Celle-ci accepte tout en se promettant d'y retrouver Séraphin, son amoureux. A ce rendez-vous arrivent et la baronne, et dame Nicole, et M. Nicole, et Séraphin ; au lieu d'une Margot, il s'en trouve trois. Malvoisy part pour la guerre, en revient après la défaite de Pavie, et, après un embrouillamini d'enfants, de pères, de mères, le baron présente son héritier à l'oncle le vidame. Mettre en musique cette promiscuité était une entreprise peu artistique. Cependant le compositeur y a mis de l'effort, sans réussir, toutefois, à trouver le tour vulgaire et folâtre que le sujet comportait. On a remarqué dans le premier acte le trio : *Ce jour-d'hui, quinze de juin* ; le duetto nocturne : *Nous* sommes seuls, et la chanson à boire; dans le second, un petit septuor et un monologue parodié d'*Hamlet*: *Être ou ne pas être*.. Chantée par Mmes Peschard, Luce, Gauthier, Marchal, Bl. Miroir; MM. Daubray, Colombey, Homerville.

TROMPETER VON SÄCKINGEN, opéra allemand, musique de Bernhard Scholz, représenté à Wiesbaden le 20 janvier 1877.

TROMPETTE DE CHAMBORAN (LA), opéra-comique en un acte, livret de MM. de Leuven et J. Adenis, musique de M. Deffès, représenté au Casino de Dieppe en août 1877. Jolie pièce et bonne musique.

TUTTI GELOSI, opérette italienne, livret de Minichini, musique de G. Castellani, représentée au théâtre Varietà de Naples le 22 décembre 1876.

TZIGANE (LA), opéra-comique en trois actes, livret de MM. Delacour et Wilder, musique de M. Johann Strauss, représenté au théâtre de la Renaissance le 30 octobre 1877. La pièce est nouvelle autant que peut l'être un livret adapté à des situations analogues déjà exploitées dans le *Réveillon* de MM. Meilhac et Halévy, dans l'opérette *Die fledermaus* (la *Chauve-souris*) [voyez page 819] et dans *Cagliostro* (voyez page 835). La musique a été tirée de ces deux derniers ouvrages du même compositeur et augmentée de plusieurs morceaux nouveaux. Le prince, il paraît que les auteurs n'ont pas jugé nécessaire de désigner autrement un personnage libidineux et ridicule, le prince donc a épousé par procuration la princesse Arabelle sans la connaître, et, le jour même de ses noces, il se livre à toutes ses fantaisies amoureuses au milieu d'une troupe de bohémiennes. Afin de ramener cet époux infidèle en s'en faisant aimer, la princesse se déguise en tzigane, est proclamée la reine de la bande et séduit le prince de telle sorte qu'il dépose sa couronne à ses pieds. Elle se fait alors reconnaître, et tout est pour le mieux. Comme on le voit, la donnée est faible et l'idée de ce travestissement n'est pas neuve. Mais, en ces sortes d'ouvrages, on n'attache d'intérêt qu'aux épisodes; plus ils sont grivois, de haut goût et fournissent aux actrices l'occasion de dire des gaudrioles, plus la pièce a de succès. L'ouverture est trop développée et n'offre pas de variété. Malgré deux phrases relativement lentes, l'ensemble n'est que de la musique de danse bien écrite,

très rhythmée et un peu meilleure que celle de nos bals publics français, voilà tout. C'est là d'ailleurs le caractère général de la partition. Les couplets de Matthias: *Je porte en moi deux personnages*, sont communs. Le terzettino suivant tourne à la polka; puis viennent des couplets qui se terminent en valse, et ainsi de suite jusqu'à la fin. Il est vrai que le livret ne se prêtait guère à un genre plus relevé. Il suffit d'en citer quelques fragments:

LA PRINCESSE.

Courir après l'époux qui fuit,
Pleurer l'ingrat qui nous trahit,
Sans doute, c'est folie.
On a toujours quelqu'un de prêt
A vous venger d'un tel méfait,
Pour peu qu'on soit jolie.
Le châtiment d'un tel dédain,
Nous l'avons toutes sous la main.
Chacun sait ça.
Oui, mais voilà,
L'amour est un jeu de surprises :
On veut punir,
On va s'unir
Et paf! on fait des bêtises.

Le terzetto de Léna, Zappoli et Matthias : *Quelle faute déplorable!* est excellent dans son genre familier. Il est traité avec les procédés des farces italiennes. J'en dirai autant d'un autre trio : *Allons, mignonne, je le veux, apaise tes alarmes*, qui est très bouffon. C'est dans le finale du premier acte que se trouve la valse qui a décidé du succès de l'ouvrage. Il est vrai que le public aime volontiers ce qu'il connaît mieux, et le musicien a répété ce motif, assez joli du reste, à plusieurs reprises. Dans le second acte, on a remarqué la chanson tzigane: *Pourquoi pleurer, pourquoi gémir?* dont le motif a déjà été entendu dans l'ouverture. Les couplets du pâté d'anguille ont obtenu un succès aussi facile que la morale qu'ils expriment; ce pâté, néanmoins, est assaisonné de trop gros sel flamand pour nous plaire. Le sel gaulois eût suffi comme dans les couplets du rire, chantés par Arabelle. Au reste, il n'y a plus de limites à déterminer dans ce genre d'ouvrages soi-disant lyriques. On ne peut que s'étonner de voir des artistes doués de quelque talent, des musiciens d'orchestre qui ont fait de bonnes études exécuter devant un auditoire choisi et ravi une musique sur des paroles telles que celles-ci :

LA PRINCESSE.

Quelle erreur
De fermer son jeune cœur
A l'amour qui le met en fête!
Tôt ou tard,
Au diris petit moutard
Ne faut-il pas payer sa dette?

Or, voilà pourquoi
J'aime mieux, ma foi,
Me jeter à votre tête.
Dis-moi : tu !
Dis-moi : tu !
Viens plus près de moi !
Dis-moi : tu !
Dis-moi : tu !
Au diable la vertu !

La musique est rarement scénique, presque nulle part concertante ; mais la mélodie est gracieuse, habilement rhythmée et correctement harmonisée ; l'oreille est toujours satisfaite, ce qui est devenu assez rare au théâtre. Distribution : la princesse Arabelle, Mlle Zulma Bouffar ; Léna, Mlle d'Asco ; Trick, Mlle Piccolo ; Matthias, M. Ismaël ; le prince, M. Urbain ; Zappoli, M. Berthelier ; Melchior, chef tzigane, M. Duchosal ; Milla, Mme Ribe, etc.

U

ULTIMA NOTTE DI CARNEVALE (L'), opérette italienne, musique de G. Trebbi, représentée sur un théâtre particulier, à Bologne, en février 1879.

ULTIMA NOTTE DI CARNEVALE (L'), opérette italienne, musique de N. Gialdi, représentée au théâtre Reinach, à Parme, le 11 avril 1879. Chanté par MM. Muschesi, Panari et Mmes Legi et Bazzani.

ULTIMO FALIERO (L'), opéra-seria, musique de Magotti, représenté à Castel-San-Pietro en juillet 1877. Chanté par Possegi ; Mmes Garulli, Naldi.

UNA GIORNATA CRITICA, opérette, musique de G. Tartaglione, représentée au Dilettant's Cercle, à Londres, en 1880.

UNA FOTTE A FIRENZE, opéra-seria, livret en langue bohème de Interobato, musique de L. Zavertal, représenté au Théâtre National de Prague le 10 mars 1880.

UN BAGNO FREDDO, opérette italienne, livret de Golisciani, musique de De Nardis, représenté au Collegio di Musica de Naples le 21 février 1879. Chanté par les élèves du collège.

UNO SCHERZO PER GELOSIA, opérette, musique de G. Vicaro, représentée au théâtre Capranica, à Rome, en 1880.

UNE PARTIE DE DOMINOS, opéra-comique en un acte, livret de M. Blerzy, musique de M. le marquis Jules d'Aoust, représenté dans l'hôtel du compositeur dans l'hiver de 1880 et dans plusieurs salons. La pièce est amusante et de bon goût. La musique a les qualités qui distinguent les ouvrages de cet amateur distingué, c'est-à-dire la grâce, la mélodie et surtout un rhythme élégant. Distribution : Mme de Somery, Mlle M. T. Fechter ; la baronne, Mme Bouttier de Silvabelle ; Alfred de Servat, M. Girard ; le baron Patanoff, M. Henri Bonjean ; masques, ouvreuses, MM. ***. Cette partie de dominos se joue dans une loge de l'opéra, pendant un bal masqué. M. le marquis Jules d'Aoust est l'auteur d'un joli ballet intitulé : la *Toilette de Diane*, réglé par Mlle Laure Fonta.

UN SUONATORE DI CLARINETTO, opérette italienne, musique de Luzi, représentée au théâtre delle Varietà, à Naples, en 1880.

V

VAN DYCK, opéra hollandais, musique d'Adolphe Müller, représenté à Rotterdam en mars 1877.

VEDOVA SCALTRA (La), opéra-buffa, musique de C. Pascucci, représenté sur un théâtre de société, à Rome, en novembre 1880.

VENDANGE (La), opéra-comique en trois actes, avec ballet ; livret en dialecte alsacien, musique de M. Wekerlin, représenté au théâtre de Colmar en mai 1879.

VERFULCU DOR (la *Cime du désir*), opéra roumain, livret de la princesse régnante Elisabeth de Roumanie, musique de Lioubitch Skibinski, représenté au Théâtre-National de Bucharest le 6 février 1879. La princesse a pris le pseudonyme de P. de Laroc. Le poème a été d'abord écrit par elle en vers allemands, et elle l'a fait traduire en langue roumaine. La partition a été jugée médiocre.

VILLA DU SPIRITE (LA), opéra italien mis en musique sur le livret français du duc de Dino par Léopold Hackensollner, représenté le 23 avril 1877 au théâtre des Loges, à Florence.

VIOLINO DEL DIAVOLO, opéra-seria, livret de Fontana, musique de A. Mercuri, représenté à Cagli, près de Pesaro, le 12 septembre 1878. Chanté par Giraldoni, Massimiliani, Leoni; Mmes C. Ferni et V. Ferni. Cet ouvrage a été composé pour faire valoir le double talent de Mme Carolina Ferni, comme cantatrice et comme violoniste.

VIOLON DE STRADIVARIUS (LE), opéra-comique en un acte, livret de M. Alexandre, d'après le conte d'Hoffmann, musique de M. Ginouvès, représenté au théâtre Michel, à Marseille, le 30 juin 1877. Chanté par Gueidan, Amphoux, Pons; Mlles Crudère et Guichenné.

VOLTIGEURS DE LA 32e (LES), opéra-comique en trois actes, paroles de MM. Gondinet et O. Duval, musique de M. Robert Planquette, représenté au théâtre de la Renaissance le 7 janvier 1880. La pièce est aussi invraisemblable que peu intéressante. Il y est question d'un marquis de Flavignoles, ancien émigré, qui reçoit du premier consul l'ordre de donner sa fille en mariage à un officier, et qui élude cette injonction tyrannique en substituant à sa vraie fille la chevrière Nicolette. Tout se découvre sans peine, car le lieutenant Richard n'est pas assez sot pour ne pas faire de différence entre une gardeuse de chèvres et la fille d'un marquis. C'est donc une opérette, et non un opéra-comique, que l'auteur des *Cloches de Corneville* a eue à mettre en musique et la nature des idées s'en est sans doute ressentie. Le premier acte est d'un caractère enjoué, rempli de couplets, de valses chantées, de fanfares; dans le second, on a applaudi les couplets du tambour-major, une valse et une polka, et au troisième un chœur d'officiers. Chanté par Ismaël, Marchetti, Lary; Mlles Granier, Mily Meyer; Mme Desclauzas.

VOYAGE EN AMÉRIQUE, opérette, livret de MM. Raymond et Boucheron, musique de M. Hervé, représentée au théâtre des Nouveautés en 1880.

W Z

WALLENSTEIN, opéra-seria, livret de MM. de Lauzières et Panzacchi, musique de G. Ruiz, représenté au Théâtre-Communal de Bologne le 4 décembre 1877. Chanté par Clodio, Souvestre, Novara; Mme Masiani.

WALLFAHRT DER KÖNIGIN (DIE) [le *Pèlerinage de la reine*], opéra-comique en trois actes, musique de Joseph Forster, représenté au Ring-Theater, à Vienne, en octobre 1878. La pièce est empruntée à l'opéra-comique français *Giralda*, de Scribe et Adolphe Adam, mais agrémentée de détails d'un goût douteux.

WANDA, opéra en cinq actes, musique de Dvorzak, représenté au Théâtre-Tchèque de Prague le 15 juin 1877.

WELFENBRAUT (DIE) [la *Fiancée du Guelfe*], opéra-allemand, musique du comte Fr. de Wittgenstein, représenté à Gratz le 19 décembre 1879, et à Salzbourg en avril 1880.

WIELAND LE FORGERON, opéra romantique en quatre actes, musique de Max Zenger, représenté au Théâtre-Royal de Munich le 15 janvier 1880. Cet ouvrage, conçu dans les idées de l'école wagnérienne, n'a pu se soutenir.

ZAIDA LA RINNEGATA, opéra-seria, musique de A. Reparaz, représenté pour la première fois à Oporto, en Portugal, dans l'année 1876, et depuis, avec succès, au théâtre Chiabrera de Savone en février 1878. Chanté par Avagnini, Acconci; Mme Pogliaghi. Il a été donné aussi au théâtre Malibran, à Venise, la même année.

ZAUBERSCHLAF (DER) [le *Sommeil enchanté*], opéra romantique, musique de Schultz-Beuthen, représenté au théâtre de Zurich en avril 1879.

ZILIA, opéra-seria, livret de Solera, musique de G. Villate, représenté au Théâtre-Italien de Paris le 1er décembre 1877. Chanté par Tamberlick, Pandolfini, Nannetti; Mmes Litta, Sanz. La pièce offre aussi peu de logique que possible. Gallieno, jeune capitaine, descendant du doge Marino Faliero, décapité par l'ordre du conseil des Dix, poursuit la cause de la réhabilitation de son aïeul. Il la réclame comme une récompense de ses exploits. Le conseil, qui lui a naguère décerné les honneurs du triomphe, le traite en ennemi de la république. Gallieno le devient par le fait et met son épée au service des Uscoques qui se sont insurgés contre Venise. Zilia, fille de Orseolo, chef du conseil, aime en secret le capitaine; Marcella, au contraire, méprisée par lui, lui voue une haine violente, s'attache à ses pas, le suit chez les Uscoques; là, ses sentiments changent; elle s'éprend du proscrit. Il faut dire que Marcella est une courtisane. Gallieno remporte des victoires, et parmi les prisonniers se trouve Zilia, toujours fidèle à son amour, que le capitaine finit par partager. Le reste de la pièce touche au comble de l'invraisemblance. Gallieno est fait prisonnier à son tour; Marcella va être soumise à la torture. Zilia les sauve tous deux en invoquant une promesse faite à elle par son père. Le chef du conseil des Dix s'humanise contre toute attente et le drame finit comme une comédie. Quel est donc ce nouveau *Deus ex machina*, inventé par M. Thémistocle Solera, l'auteur de la fameuse Giovanna d'Arco qui meurt de ses blessures dans les bras du dauphin? Le mobile de ce dénouement est exposé au premier acte. Dans un duo très tendre entre le père et la fille, Orseolo s'engage par un serment solennel à consentir au vœu de Zilia lorsqu'elle lui désignera l'époux de ses rêves. *Per la tua madre che risplende in Dio lo prometto che il giorno in cui dirai*, GUARDA, PADRE, LA PASSA IL SOGNO MIO, *far si realtade il sogno tuo vedrai*. C'est ainsi qu'en chantant à la fin de l'ouvrage: *Guarda, Padre, la passa il sogno mio*, Zilia fait consentir son père à accorder sa main au descendant de la race maudite de Marino Faliero. M. O. Villate est un jeune compositeur cubain, qui a plutôt exposé ses vives impressions musicales dans cette partition qu'il n'a fait preuve d'individualité. Donizetti et Verdi lui ont fourni d'abondants procédés de composition qu'il a mis en œuvre avec une certaine inexpérience qui quelquefois arrive à la confusion. Cependant, je crois devoir signaler plusieurs morceaux intéressants: dans le premier acte, la romanza de Marcella: *Se un cero al diavolo*; dans le second, le trio: *Teco son, gettato è il dardo*; dans le troisième, la chanson militaire: *Verso le rive dalmate*, assez originale; la *Canzone del padre Noe*, chantée par Marcella; l'allegro du duetto: *Ah! t'amo, si t'amo in core*, et dans le dernier acte, le chœur sans accompagnement: *Non v'ha reggia*, soutenu par quatre voix de basse *a bocca chiusa*. Cet ouvrage a été chanté par MM. Tamberlick, Pandolfini, Nannetti, Marchisio, Fille; Mlles Maria Litta, Elena Sanz.

ZINGARELLA (LA), opéra-comique en un acte, livret de M. Jules Montini, musique de M. Joseph O'Kelly, représenté à l'Opéra-Comique le 26 février 1879. Le compositeur Salieri, auteur d'une partition intitulée la *Zingarella*, est tombé dans un tel état de découragement et de désespoir qu'il veut quitter le monde et se retirer dans un couvent. Il a caché à tous les regards sa partition. Une jeune fille nommée Fiorella est passionnément éprise du compositeur; elle se déguise en paysanne, en pifferaro, en novice sans trop de nécessité et finit par rattacher Salieri au monde profane en se faisant épouser par lui. M. O'Kelly est un musicien de talent et de goût, qui ne devrait pas perdre son temps à de tels enfantillages. On a remarqué une romance chantée par Salieri et une jolie valse. Distribution: Caisso, Salieri; Mme Sablairolles-Caisso, Fiorella.

ZIO D'AMERICA (LO) [l'*Oncle d'Amérique*], opérette italienne, musique de N. Gialdi, représentée au théâtre Reinach, à Parme, le 9 avril 1883, ainsi qu'au Borgo-San-Donnino. Chanté par Marchesi, Passari; Mmes Lezi et Bazzani.

ZWARTE KAPITEIN (D) [le *Capitaine noir*], opéra-comique hollandais en trois actes, livret de Rosier-Faassen, musique de Joseph Mertens, représenté à La Haye le 12 mai 1877. Chanté par Blauwaert, Goossens, Delparte; Mlles Hasselmans et Gobhaerts.

FIN DU QUATRIÈME SUPPLÉMENT.

TABLE ALPHABÉTIQUE

DES NOMS

DES COMPOSITEURS CITÉS DANS CE QUATRIÈME SUPPLÉMENT

AVEC L'INDICATION DES PAGES

OU SE TROUVENT MENTIONNÉS LEURS OUVRAGES

A

ABBÀ-CORNAGLIA, 915.
ABBATI (A.), 895.
ALESSIO (S.), 900, 915.
AOUST (marquis Jules D'), 930.
ARIENZO (N. D'), 902, 918.
ARRIETA, 897.
AUDRAN (Edmond), 914, 925, 935.
AUTERI-MANZOCCHI, 929, 916.
AZZONI (Italo), 900.

B

BABARIKINE, 895.
BACCHINI (C.), 902.
BAJOLA (G.), 914.
BANDINI (Primo), 907.
BAR, 911.
BAVAGNOLI (Manlio), 911.
BELLINI (B.), 915.
BELLINI (P.), 915.
BENOIT, 897.
BENVENUTI (T.), 907.
BERNARDI (E.), 933.
BERNICAT (Firmin), 912.
BIANCHEDI (P.), 897.
BOITO (Arrigo), 926.
BOLCK (Oscar), 936.
BONAMICI (F.), 899, 921.
BOTTESINI (G.), 905, 930.
BOUBÉE, 902.
BOCCQUIN (A.), 895.
BOZZANO (E.), 891.
BRACLY (Elie), 890.
BRION D'ORGEVAL, 901.
BRIZZI (Carlo), 892.
BRULL (Ignaz), 891, 921.
BRUTI, 885.
BUCALOSSI, 913.
BURALI-FORTI, 895, 923, 917.
BURGIO DI VILLAFIORITA, 912, 935.
BUZZINO (Octavio), 931.

C

CABALLERO (Fernando), 923.
CAGNONI (A.), 909.
CAHEN (Albert), 892.
CAIANI, 897.

CANEPA (L.), 911.
CANTI, 911.
CAPPELLINI, 919.
CARTIER (Raymond), 889.
CASSANO (N.), 887.
CASTELLANI (G.), 912.
CATALANI (A.), 901.
CAVAZZA (E.), 908.
CHABRIER (Emmanuel), 906.
CHAMPS (E. DE), 931, 938.
CHASSAIGNE (M.-F.), 895.
CHAUMET (William), 890.
CIARDI (A.), 921.
CLÉMENT (Félix), 888.
COCCON (N.), 904, 921.
CŒDÈS (A.), 897, 914.
COHEN (Jules), 905.
COLBERT-CHABANAIS (marquis DE), 899, 902, 903, 931, 929, 915.
COLLINA (F.-S.), 921.
COLINS, 915.
COPPOLA (Raffaele), 902.
CORONARO (Antonio), 913.
CORONARO (G.), 901.
COSTÉ (J.), 895.
COTTRAU (G.), 915.
COURCELLES (Ch. DE), 938.
CRESCIMANNO DI ALBAFIORITA (baron), 924.
CRESSONNOIS, 915.
CUOGHI (L.), 903.

D

DAHLWITZ (G.), 910.
DALSESIO (G.), 900.
DALL' OLIO (C.), 903.
DALL' OVO (E.), 897.
DAVID (Samuel), 905.
DEFFÈS (Louis), 930, 913.
DELAHAYE fils (L.), 933.
DELIBES (Léo), 916.
DELL' OREFICE (G.), 904, 915.
DEL RE (F.), 923.
DIONISI, 899.
DOENSEN (F.), 928.
DOHLER (T.), 917.
DOMENICETI (C.), 929.
DONADIO, 924.
DOPPLER, 905.
DUCAY (Georges), 902, 907.
DUBOIS (Théodore), 912.
DUPRAT (Hippolyte), 933.

DUPREZ (G.), 933.
DVORZAK, 928, 931.

E

EILERS (A.), 919.
ERCOLANI (G.), 915.
ERKEL, 915.
ESPINOSA, 929.
ETTLING, 905.

F

FALCHI (S.), 921.
FERRARI (Emilio), 899.
FERRUA (G.), 926.
FERRUCCIO (Ferrari), 923.
FILIASI (marquis), 927.
FLOTOW (F. DE), 885.
FORSTER (Joseph), 931.
FRANCESCHINI (G.), 891.
FRANK (Ernst), 885.
FREUDENBERG (W.), 929.
FURLANETTO, 933.

G

GALASSO (V.), 911.
GALLEANI, 909.
GAMMIERI, 931.
GAUTIER (Eugène), 899.
GAZZERA, 903.
GENÉE, 893, 929, 931, 915.
GERMAIN (Pierre), 899.
GIALDI (N.), 913, 930, 932.
GINOUVÈS, 931.
GIOSA (DE), 900, 923.
GIOVANNINI (Alberto), 885.
GIRIBALDI (T.), 923.
GODART (Amédée), 891.
GOMES (C.), 924.
GOMEZ, 913.
GOTZ (Hermann), 909.
GOTZE, 920.
GOUNOD (Charles), 897, 928.
GRAFFIGNA (A.), 890.
GRASSONI, 918.
GRAZIANI-WALTER, 913.
GRISART (Ch.), 928, 916.
GUARNERI (A.), 915.
GUARRO (Giovanni), 901.
GUINDANI (E.), 885.

TABLE ALPHABÉTIQUE

H

Hackensollner (Léopold), 931.
Harigo, 902.
Hartel (Gustave), 911.
Hellmesberger fils (Joseph), 895.
Hémery, 907.
Heritte-Viardot (Mme), 921.
Hervé, 908, 921, 927, 932, 918, 931.
Heutschel (Theodor), 920.
Hofmann (Henri), 885.

I

Isouard (Nicolo), 895.
Ivry (marquis d'), 887.

J

Jacobi, 888, 913.
Jonas (Emile), 916.
Joncières (Victorin), 932.

K

Kaiser (Emile), 895.
Kleughardt (Auguste), 915.
Kowalski (Henri), 910.
Kretschmer (Edmond), 915.

L

Lacome (P.), 891, 932.
Lagoanère (O. de), 920.
Laste (A.), 936.
Lajarte (Théodore de), 918.
Langer (Ferdinand), 885.
Laurens (Germain), 927.
Lecocq (Charles), 887, 888, 893, 903, 911, 912, 921, 931, 931, 935, 943.
Lefebvre (Ch.), 919.
Lehnhardt, 891.
Libani (G.), 911.
Litta (Giulio), 939.
Linder (Gottfried), 900.
Lioubitch Skibinski, 930.
Lombardi (F.), 911.
Lonati, 885.
Lordan (Georg), 910.
Lorenzo (Giovanni de), 891.
Lucilla (D.), 891.
Luigini fils (A.), 895.
Luzi, 930.

M

Maggi (Paolo), 910.
Magotti, 930.
Mansour, 860.
Marchetti (Filippo), 933.
Marenco, 928.
Maretzek (Max), 915.
Margaria (L.-A.), 892.
Marietti (E.), 934.
Marneffe, 897.
Marschner, 917.
Marcanzoni (Giulio), 899.

Massa (N.), 885.
Massenet (Jules), 911.
Mattei (Tito), 923.
Matthieu (Emile), 891, 910.
Max-Volf, 902.
Mazzoli (G.), 885.
Membrée (Edmond), 901.
Meola (L.), 917.
Mercuri (A.), 931.
Mériel (Paul), 938.
Mertens (Joseph), 932.
Metra (Olivier), 908.
Miceli (G.), 900.
Millöcker (Carl), 914.
Monsigu, 916.
Morales, 911.
Morin, 923.
Morodze (A.), 910.
Moscuzza (V.), 902.
Muller (Adolphe), 930.
Münchleimer (Adam), 916.

N

Nani (A.), 895.
Nardis (de), 930.
Nessler (Victor), 932.
Nibelle (Adolphe), 902, 912, 929, 945.
Niccolai (L.), 897.
Nicolau (A.), 900.

O

Offenbach (Jacques), 891, 902, 908, 909, 921, 922, 921.
O'Kelly, 921, 932.
Okolowicz, 889, 892, 922.

P

Paladilhe, 917.
Palmieri (F.), 891, 939.
Palminteri (A.), 888.
Pannain, 915.
Pardon (Félix), 923.
Parravano (C.), 911.
Paucucci (C.), 938, 950.
Pepe (E.), 938.
Perry (Henri), 901.
Pesiani (G.), 885.
Pessard (Emile), 895, 896.
Pfeffer (Carl), 930.
Philippe (Edouard), 889.
Pisuci (G.), 925.
Planquette (Robert), 889, 895, 897, 899, 912, 931.
Poise (Ferdinand), 887, 918.
Polignac (prince Edmond de), 903.
Ponchielli (Amilcare), 909, 911, 921.
Pozzolo (B.), 885.
Puget (Paul), 943.

R

Radoux (Théodore), 891.
Raspat, 915.
Rehbaum (Theobald), 903.
Reissmann (Auguste), 893.

Reparaz (A.), 931.
Reynard (J.), 912.
Ricci (les frères), 901.
Ricci (Federico), 887, 900, 904, 914, 921.
Ricci (Luigi), 887, 900.
Ricci fils (Luigi), 899.
Riedel (Hermann), 911.
Rillé (Laurent de), 890, 938.
Rimsky-Korsakoff, 930.
Rink (Gustave), 922.
Rioc, 889.
Robert (Denis), 933.
Roland de Lattre (Orlando Lasso), 900.
Rongé (J.-B.), 900.
Rossi (Cesare), 890, 911.
Rossi (Lauro), 892.
Rossi (Federico), 921.
Rousseau (Samuel), 902.
Rubinstein, 920, 932.
Ruiz (G.), 931.

S

Sacchi (V.), 899.
Saint-Saëns (Camille), 905, 913, 917.
Salomon (E.), 891, 913.
Salomon (Hector), 889.
Salvayre (G.), 892.
Samary père, 921.
Samengo (E.), 921.
San-Fiorenzo (C.), 917.
Sapio (R.), 928.
Sarria (E.), 905.
Saxe-Cobourg (duc Ernest de), 902.
Scarano (O.), 914.
Schälger (Hans), 938.
Scholz (Bernhard), 912.
Schultz-Beuten, 931.
Scontrino, 926.
Sebastiani (G.), 939.
Serpette (Gaston), 930, 935, 943.
Smareglia (A.), 938.
Smetana, 910.
Soehe (Ch.), 911.
Sozzi (L.), 885.
Sporck (comte Rudolf), 930.
Starke (Johannes), 910.
Stasny, 932.
Strauss (Johann), 892, 916, 943.
Sullivan (Arthur), 925, 916, 935, 945.
Suppé (Fr. de), 892, 903, 907.
Swert (J. de), 885.

T

Taccheo (L.), 913.
Tardini (V.), 916.
Tartaglione (G.), 930.
Teassitore (G.), 901.
Thierfelder (Albert), 920.
Thomas (Ambroise), 938.
Thomé (Francis), 925.
Thys (Mme Pauline), 893.
Tirindelli (G.), 901.
Trebbi (G.), 931, 950.

U

Urich (John), 931.
Usiglio (E.), 903.

V

Valenti (Avelino), 904.
Varney, 889, 893, 928.
Vasseur (Léon), 891, 903, 931, 945.
Vaucamps, 893.
Vercken (Léon), 903.

Verdi (G.), 885.
Vicaro (G.), 950.
Vicentini, 885.
Vicini (L.), 928.
Vigoni (G.), 885.
Villate (G.), 901, 951.
Visconte (Arneiro), 904.

W

Wagner (Richard), 914.
Waldmann (Rudolf), 945.
Weissheimer (Vendelin), 922.
Wekerlin, 893, 950.

Wilhem, 892.
Willent-Bordogni, 939.
Wittgenstein (comte Fr. de), 951.
Wolff (Max), 896, 902.
Würst (Richard), 931.

Z

Zanetti (F.), 896.
Zavertal (L.), 950.
Zeller (Carl), 893, 919.
Zenger (Max), 931.
Zubiaurre, 921.

FIN DE LA TABLE ALPHABÉTIQUE.

Paris. — Imprimerie Vve P. Larousse et Cie, rue Montparnasse, 19.

GRAND DICTIONNAIRE UNIVERSEL
DU XIX.ᵉ SIÈCLE

FRANÇAIS, HISTORIQUE, GÉOGRAPHIQUE, BIOGRAPHIQUE, MYTHOLOGIQUE, BIBLIOGRAPHIQUE, LITTÉRAIRE, ARTISTIQUE, SCIENTIFIQUE, ETC., ETC.

COMPRENANT :

1º **LANGUE FRANÇAISE.** — Nomenclature complète, enrichie de tous les mots nouveaux qui, bien que privés de la sanction académique, n'en sont pas moins entrés dans le vaste domaine de la parole ; le patois, l'argot, les termes vulgaires ; mots étrangers qui se sont introduits dans la langue ou qui tendent à s'y introduire ; termes de Bourse, de Blason, du Turf, etc., etc. ; l'Étymologie ; la Prononciation figurée de *tous les mots* ; les Synonymes ; les Épithètes ; les Anecdotes ; la Conjugaison de tous les verbes irréguliers ; la Solution de toutes les difficultés grammaticales ; les innombrables Acceptions et les Locutions familières et proverbiales.

2º **HISTOIRE.** — Histoire de tous les peuples ; Chronologie, Batailles et Sièges ; Traités ; Problèmes historiques ; Origine et explication de tous les faits ou mots historiques qui ont enrichi la langue d'expressions pittoresques, d'allusions piquantes.

3º **GÉOGRAPHIE.** — Description de tous les lieux du globe ; État politique, religieux, industriel et commercial chez tous les peuples ; Population, etc.

4º **BIOGRAPHIE.** — Vie des hommes célèbres de tous les temps, illustres par leurs actions ou par leurs écrits, fameux par leurs inventions ou par leurs découvertes, fameux par leurs crimes ; Biographie de tous les contemporains remarquables.

5º **MYTHOLOGIE.** — Dieux, Demi-Dieux et Héros ; Rites, Fêtes, Mystères ; Origine et explication des richesses poétiques que le paganisme a léguées à toutes les littératures.

6º **TYPES ET PERSONNAGES LITTÉRAIRES.** (*Partie neuve.*) — HÉROS DE THÉÂTRE : Agnès, Alceste, Arlequin, Banco, Bartholo, Basile, Bélise, Brid'oison, Cassandre, Célimène, Chicaneau, Chrysale, etc.

HÉROS D'ÉPOPÉE ET DE ROMAN : Adamastor, Agramant, Angélique (la belle), Armide, etc., etc.

CARICATURES POLITIQUES ET SOCIALES : Bertrand, Bilboquet, Chauvin, Mayeux, M. Prudhomme, Raton, Robert Macaire, etc., etc.

7º **BIBLIOGRAPHIE.** (*Partie neuve.*) — Analyses et Comptes rendus de toutes les œuvres littéraires remarquables qui ont paru, depuis l'*Iliade* jusqu'à ces derniers temps.

8º **ANTHOLOGIE LITTÉRAIRE.** (*Partie neuve.*) — Allusions passées dans la langue : 1º ALLUSIONS FRANÇAISES : J'ai voulu voir, j'ai vu ; Tant de fiel entre-t-il...? Rodrigue, as-tu du cœur? Moi ! moi, dis-je, et c'est assez ; Voilà pourquoi votre fille est muette ; etc., etc.

2º ALLUSIONS LATINES : *Ab Jove principium* ; *uno disce omnes* ; *Alma parens* ; *Arcades ambo*, etc.

3º ALLUSIONS ÉTRANGÈRES : *E par si muove* ; *God save the queen* ; *Lasciate ogni speranza...*, etc.

9º **BEAUX-ARTS.** (*Partie neuve.*) — 1º ARCHITECTURE ET ARCHÉOLOGIE : Description de tous les monuments célèbres.

2º SCULPTURE : Statues, groupes, bas-reliefs, morceaux regardés comme des chefs-d'œuvre.

3º PEINTURE : Tableaux et fresques de tous les grands maîtres.

4º MUSIQUE : Analyse des plus beaux morceaux et de tous les grands opéras et opéras-comiques ; Chants religieux, Hymnes patriotiques, etc.

10º **SCIENCES.** — SCIENCES PHYSIQUES, MATHÉMATIQUES ET NATURELLES : Arithmétique, Algèbre, Géométrie, Trigonométrie, Mécanique, Astronomie, Physique, Chimie, Géologie, Botanique, Minéralogie, Paléontologie, Zoologie, Médecine, Chirurgie, etc.

SCIENCES MORALES ET POLITIQUES : Religion, Philosophie, Psychologie, Morale, Législation, Économie politique, Administration, etc.

PSEUDO-SCIENCES : Alchimie, Astrologie, Magie. INVENTIONS ET DÉCOUVERTES.

Par PIERRE LAROUSSE

Cette œuvre encyclopédique, la plus considérable depuis l'invention de l'imprimerie, est aujourd'hui entièrement terminée. Le lecteur peut embrasser et juger maintenant l'ensemble de ce gigantesque ouvrage et se convaincre qu'il est l'inventaire le plus complet et le plus exact des richesses acquises par l'esprit humain jusqu'à l'heure présente.

Durant l'impression, des hommes nouveaux sont arrivés à la notoriété ; des événements importants, des faits considérables se sont produits : un *Supplément* au *Grand Dictionnaire* était donc nécessaire pour faire de ce grand répertoire un ouvrage toujours actuel. Il vient de paraître et forme un volume de plus de 1,300 pages in-4º.

SOUSCRIPTION PERMANENTE

Le prix de la souscription à forfait au Grand Dictionnaire (*Supplément compris*) est de 600 fr. payables : 300 fr. comptant, et les 300 fr. restants en trois billets de 100 fr. chacun, à 3, 6 et 9 mois, à l'ordre de Mᵐᵉ Vᵉ P. LAROUSSE et Cⁱᵉ.

L'OUVRAGE FORME 16 GROS VOLUMES IN-4º
SE VENDANT SÉPARÉMENT BROCHÉS, SAVOIR :

1ᵉʳ vol., lettre A.... 33 fr.	7ᵉ vol., lettre E.... 34 fr.	13ᵉ vol., lettres P, Q, R. 44 fr.
2ᵉ — lettre B.... 40	8ᵉ — lettres F, G... 46	14ᵉ — lettres S, T.. 46
3ᵉ — lettre C.... 33	9ᵉ — lettres H, I, J, K. 35	15ᵉ — lettres T.. 44
4ᵉ — lettre C (suite) 31	10ᵉ — lettres L, M.. 42	16ᵉ — (*Supplément*) A à Z. 37
5ᵉ — lettre C (fin).. 21	11ᵉ — lettres M, N, O. 46	
6ᵉ — lettre D.... 41	12ᵉ — lettre P.... 43	Total.... 616 fr.

La reliure de chaque volume se paye en sus 5 francs.

Adresser les demandes à Mᵐᵉ Vᵉ P. LAROUSSE et Cⁱᵉ
Rue Montparnasse, 19, à Paris.

www.ingramcontent.com/pod-product-compliance
Lightning Source LLC
LaVergne TN
LVHW050613090426
835512LV00008B/1465